Ein Licht für deine Seele

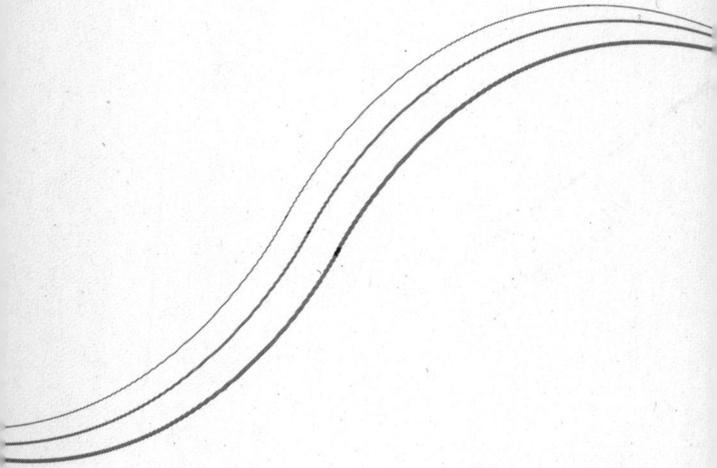

Ein Licht für deine Seele

Weihnachtsgeschichten, die gut tun

benno

Bibliografische Information der Deutschen Nationalbibliothek
Die Deutsche Nationalbibliothek verzeichnet diese Publikation in der Deutschen Nationalbibliografie; detaillierte bibliografische Daten sind im Internet unter http://dnb.d-nb.de abrufbar.

ISBN 978-3-7462-4271-2

St. Benno Verlag GmbH, Leipzig
Zusammengestellt von Volker Bauch, Leipzig
Umschlaggestaltung: birq design, Leipzig
Gesamtherstellung: Kontext, Lemsel (A)

Inhaltsverzeichnis

Freude auf dem Weg zum Stern

Irischer Weihnachtssegen

Segen sei mit dir,
der Segen des strahlenden Lichtes,
Licht sei um dich her
und innen in deinem Herzen.
Sonnenschein leuchte dir
und erwärme dein Herz,
bis es zu glühen beginnt
wie ein großes Torffeuer,
und der Fremde tritt näher,
um sich daran zu wärmen.

Zeit der Erwartungen und Zeit der Hoffnung

Advent

Karl Heinrich Waggerl

Das ist die stillste Zeit im Jahr, wenn es Weihnacht wird – die Zeit der kindlichen Zuversicht und der gläubigen Hoffnung.
Es mag ja nur eine Binsenwahrheit sein, aber es ist eine von den ganz verlässlichen Binsenweisheiten, dass hinter jeder Wolke der Trübsal doch immer ein Stern der Verheißung glänzt. Und daran trösten wir uns in diesen Wochen, wenn Nacht und Kälte unaufhaltsam zu wachsen scheinen. Wir wissen ja doch, und wissen es ganz sicher, dass die finsteren Mächte unterliegen werden, an dem Tag, mit dem die Sonne sich wendet, und in der Nacht, in der uns das Heil der Welt geboren wurde. Für die Leute in den Städten hat der Advent kein großes Geheimnis mehr, sie finden es nur unbequem und lästig, wenn die ersten Fröste kommen, wenn der Nebel in die Straßen fällt und das karge Licht des Tages noch mehr verkürzt. Aber der Mensch in den Bergen, in entlegenen Tälern und einschichtigen Höfen, der steht den gewaltigen Kräften der Natur noch unmittelbar gegenüber. Stürme toben durch die Wälder herab und ersticken

ihm das Feuer auf dem Herd, er sieht die Sonne auf ihrem kurzen Weg von Berg zu Berg krank werden und hinsterben, grausam finster sind die Nächte, und der Schneedonner schreckt das Wild aus seinen Zufluchten. Noch in meiner Kindheit gab es kein Licht in der Stube außer vom Kienspan oder einer armseligen Talgkerze. Der Wind rüttelte am Fenster und schnaufte durch die Ritzen, das hörte sich an wie der Atem eines Ungeheuers, das draußen herum ging und überall schnupperte, einmal an der Wand und dann an den Dachschindeln, und plötzlich hörte man den Brunnen nicht mehr, da trank wohl das nächtige Tier von dem Wasser. Unheimlich war das, gottlob, dass ein Licht dabei brannte, gottlob für diesen winzigen Funken Licht in der schrecklichen Finsternis!

Für mich begann damals der Advent immer mit dem Sonntag, an dem der Vater die Krippe herausräumte. Es war ja alles längst bekannt und vertraut und doch jedes Mal wieder aufregend genug, der hohe Berg, mit glänzendem Flitter angeschneit, die Burg und darunter der Stall in einer Tuffsteingrotte. Darin kniete die Liebe Frau selber, ihr Gesicht war aus Wachs geformt, schön rosig blühten ihre Wangen, und die Augen waren zwei blaue Glasperlen, mit denen schaute sie verwirrt ins Leere. Auf der Strohschütte lag das nackte Himmelskind, und dahinter standen Ochs und Esel und beglotzt das Wunder. Jedes Jahr durfte ich dem Ochsen ein Büschel Heu ins Maul stecken, aber er fraß es ja nie, er schaute nur und schaute und begriff es nicht. Weil der Vater selber Zimmermann war, ließ er auch seinen Patron, den heiligen Josef, nicht nur so herumstehen, er dachte sich jedes Mal ein anständiges Geschäft für ihn aus und ließ ihn Holz klieben oder die Suppe kochen oder mit der Laterne die Leute hereinweisen, die von überall her gelaufen kamen und Käse mitbrachten oder Brot oder auch ein Lämmchen, das sie vor sich herschoben. Es hauste freilich ein recht ungleiches Volk in unserer Krippe, nicht nur Hirten, auch etliche Zinnsoldaten und der Fürst Bismarck und überhaupt alle Bresthaften aus der Spielzeugkiste, die sich das Jahr über ein Ausgedinge verdient hatten. Oben hinter den Zinnen der Burg durfte immer mein grüner Frosch aus Seife sitzen, ihm machte es nichts aus, ein paar Wochen lang für einen Hund zu gelten. Ganz zuletzt kam der Augenblick, auf den ich schon tagelang gelauert hatte. Der Vater klemmte plötzlich meine Schwester zwischen die Knie, und ich durfte ihr das längste Haar ausziehen, ein ganzes Büschel versteht sich, damit man genügend zur Auswahl hatte. Denn an solch ein Haar wurde ein golden gefiederter Engel geknüpft, damit er sich unmerklich drehe und wachsam umherblicke. Das Gloria sangen wir selber, der Vater hatte uns sogar einen Vers dazu gemacht. Es klang vielleicht ein bisschen grob und einfältig in unserer breiten Mundart, aber Gott schaut seinen Kindern ja ins Herz und nicht auf das Maul, und es ist auch gar nicht so, dass er etwa nur Latein verstünde.

Immer am 21. Dezember, bedeutsamer Weise am Tag des ungläubigen Thomas, musste der Wunschbrief an das Christkind geschrieben werden, ohne Kleckse natürlich, und mit keinen andern Schreibfehlern als solchen, die die Mutter selber machte, und sauber mit Farben ausgemalt. Zuoberst verzeichnete ich anstandshalber das, was ohnehin von selber eintraf, Fäustlinge, ein Hemd und Strümpfe. Darunter aber schrieb ich Jahr für Jahr mit hoffnungsloser Geduld den höchsten meiner Träume, den Anker-Steinbaukasten, ein Wunderwerk, nach allem, was man davon hörte. Ich glaube heute noch, dass aus ihm sogar die Architekten zu Anfang des Jahrhunderts ihre Eingebungen holten. Aber ich selber bekam ihn nie, wahrscheinlich wegen der ungemein genauen himmlischen Buchführung, die alle meine Sünden sorgfältig verzeichnete, gestohlene Zuckerstücke und zerbrochene Fensterscheiben und

ähnliche Missetaten, die sich in etlichen Wochen auffälliger Frömmigkeit vor Weihnachten auch nicht mehr abgelten ließen.
Wenn mein Wunschzettel fertig vor dem Fenster lag, musste ich aus brüderlicher Liebe auch noch den für meine Schwester schreiben. Ungemein zungenfertig plapperte sie von einer Schlafpuppe, einer Wiege, einem Kramladen, von lauter albernem Zeug. Da und dort schrieb ich ein heimliches „Muss nicht sein" dazu, aber vergeblich. Am Heiligen Abend konnte sie doch eine Unmenge von Früchten ihrer Unverschämtheit unter dem Christbaum ernten. Und ich musste mich tagelang damit plagen, einige von ihren Sachen so weit zu ruinieren, dass sie für mich noch zu brauchen waren.
Die Adventsabende wären nicht denkbar gewesen ohne ein feierliches Lied, wenn es auch natürlich nicht immer so gut geraten konnte wie in jener ersten Heiligen Nacht, als die Engel das Gloria vom Himmel herunter sangen. Sogar bei uns daheim, obwohl wir keine sehr musikalische Familie waren, stellten wir uns alle vor den brennenden Kerzen auf, und dann stimmte die Mutter das Lied vom Tannenbaum an. Aber wir kamen kaum einmal über eine Strophe hinaus. Schon bei den ersten Tönen fing meine Schwester aus übergroßer Ergriffenheit zu

schluchzen an. Der Vater hielt ein paar Takte länger aus, bis er merkte, dass das, was er hören ließ, gar nicht in dieses Lied passte. Ich selber aber konnte in meinem verbohrten Grübeln, wieso denn eine Fichte ihrer grünen Blätter wegen gepriesen wurde, die zweite Stimme nicht halten. Daraufhin brachte die Mutter auch mich mit einem Kopfstück zum Schweigen und sang das Lied als Solo zu Ende, wie sie es gleich hätte tun sollen.

Heutzutage weiß man nicht mehr viel von alten Weihnachtsbräuchen, wie etwa das Anglöckeln einer war. Ich wüsste nicht zu sagen, was für ein tieferer Sinn in dieser Sitte liegen könnte, vielleicht steckt wirklich noch ein Rest von Magie aus der Heidenzeit dahinter, wie manche Gelehrte meinen. Meine Mutter jedenfalls hielt dafür, dass es ein frommer Brauch sei, und deshalb durfte auch ich mit meiner Schwester und dem Nachbarbuben auf die Reise gehen. Was dazu an Verkleidung nötig war, besorgte der Vater mit einer unerschöpflichen Fantasie. Unter seinen Händen verwandelten wir uns in seltsame Zwitterwesen, halb Engel, halb Gespenst. Aber uns machte es weiter kein Kopfzerbrechen, wen wir eigentlich darstellten sollten, die Heiligen Drei Könige oder bloß etliche von den vierzig Räubern. Das Wichtigste an der ganzen Ausrüstung war jedenfalls ein geräumiger Sack. Mit dem zogen wir abends von Tür zu Tür und sangen, was uns gerade einfiel, Heiliges und Unheiliges durcheinander. Manchmal kam gleich ein ungehobelter Hund dazwischen, der uns an die Beine fuhr, statt andächtig zuzuhören, aber gewöhnlich konnten wir mit dem Erfolg zufrieden sein, aus Gründen freilich, die ich damals nicht richtig einschätzte. Denn die Leute stürzten sofort an die Türen, wenn wir unseren Gesang anstimmten, und stopften uns eilig Kletzenbrot und Äpfel in den Sack, nur damit wir gleich wieder aufhörten und weiterzögen. Das taten wir auch bereitwillig, sobald unsere Fracht genügend angewachsen war. Ich wollte, es wäre dabei geblieben, und meine Zuhörer belohnten mich auch heute noch dafür, dass ich schweige.

Advent, sagt man, sei die stillste Zeit im Jahr. Aber in meinem Bubenalter war er keineswegs die stillste Zeit. Zu Anfang Dezember, in den unheimlichen Tagen, während Sankt Nikolaus mit dem Klaubauf unterwegs war, wurde ich in den Wald geschickt, um den Christbaum zu holen. Mit Axt und Säge zog ich aus, von der Mutter bis zum Hals in Wolle gewickelt und mit einem geweihten Pfennig versehen, damit mich ein heiliger Nothelfer finden konnte, wenn ich mich etwa verirrte. Ein Wunder von einem Baum stand mir vor Augen, mannshoch und sehr dicht beastet, denn er sollte nachher ja auch etwas tragen können. Stundenlang kroch ich im Unterholz herum, aber ein Baum im Wald sieht sich ganz anders an als einer in der Stube. Wenn ich meine Beute daheim endlich in die Waschküche schleppte, hatte sich das schlanke, pfeilgerade Stämmchen doch wieder in ein krummes und kümmerliches Gewächs verwandelt, auch der Vater betrachtete es mit Sorge. Er musste seine ganze Zimmermannskunst aufwenden, um das Ärgste zurechtzubiegen, ehe uns die Mutter dazwischen kam.

Ach, die Mutter! In diesen Wochen lief sie mit hochroten Wangen herum, wie mit Sprengpulver geladen, und die Luft in der Küche war sozusagen geschwängert mit Ohrfeigen. Dabei roch die Mutter so unbeschreiblich gut, überhaupt ist ja der Advent die Zeit der köstlichen Gerüche. Es duftet nach Wachslichtern, nach angesengtem Reisig, nach Weihrauch und Bratäpfeln. Ich sage ja nichts gegen Lavendel und Rosenwasser, aber Vanille riecht doch eigentlich viel besser, oder Zimt und Mandeln.

Mich ereilten dann die qualvollen Stunden des Teigrührens. Vier Vaterunser das Fett, drei die Eier, ein ganzer Rosenkranz für Zucker und Mehl. Die Mutter hatte die Gewohnheit, alles Zeitliche in ihrer Kochkunst nach Vaterunsern zu bemessen, aber

die mussten laut und sorgfältig gebetet werden, damit ich keine Gelegenheit fände, den Finger in den köstlichen Teig zu tauchen. Wenn ich nur erst den Bubenstrümpfen entwachsen wäre, schwor ich mir damals, dann wollte ich eine ganze Schüssel voll Kuchenteig aufessen, und die Köchin sollte beim geheizten Ofen stehen und mir dabei zuschauen müssen! Aber leider, das ist einer von den Knabenträumen geblieben, die sich nie erfüllt haben.
Am Abend nach dem Essen wurde der Schmuck für den Christbaum erzeugt. Auch das war ein unheilschwangeres Geschäft. Damals konnte man noch ein Buch echten Blattgoldes für ein paar Kreuzer beim Krämer kaufen. Aber nun galt es, Nüsse in Leimwasser zu tauchen und ein hauchdünnes Goldhäutchen herum zu blasen. Das Schwierige bei der Sache war, dass man vorher nirgendwo Luft von sich geben durfte. Wir saßen alle in der Runde und liefen blaurot an vor Atemnot, und dann geschah es eben doch, dass plötzlich jemand niesen musste. Im gleichen Augenblick segelte eine Wolke von glänzenden Schmetterlingen durch die Stube. Einerlei, wer den Zauber verschuldet hatte, das Kopfstück bekam jedenfalls ich, obwohl es nur bewirkte, dass sich der goldene Unsegen von Neuem in die Lüfte hob. Ich wurde dann in die Schlafkammer verbannt

und musste Silberpapier um Lebkuchen wickeln – ungezählte Lebkuchen!
Es kam endlich doch der Heilige Abend, und mit ihm die letzte der Prüfungen, das Bad in der Küche. Das fing ganz harmlos an, ich saß im Zuber wie ein gebrühtes Schweinchen und plätscherte verschämt mit dem Wasser, in der Hoffnung, dass ich nun doch schon groß genug sei, um der Schande des Gewaschenwerdens zu entgehen. Aber plötzlich fiel die Mutter wieder mit der Reisbürste über mich her, es half nichts, kein Gezeter und Gespreize. Erst in der äußersten Not erbarmte sich der Vater und nahm ein bis zur Unkenntlichkeit entstelltes, ein durchscheinendes Geschöpf in seine Arme. Da war sie nun wirklich, die stillste Zeit im Jahr, wirklich Stille und Friede und köstliche Geborgenheit an seiner breiten Brust. Später, wenn die Kerzen am Baum längst erloschen waren, um die Mitternacht, durfte ich die Mutter zur Mette begleiten. Ich weiß noch gut, wie stolz ich war, als sie mich zum ersten Mal nicht mehr an der Hand führte, sondern neben sich hergehen ließ als ihren Sohn und Beschützer. Auch in der Kirche kniete ich nun auf der Männerseite. Die Frauen sangen auf dem Chor, und der Pfarrer am Altar hielt eine Weile inne, um das Weihnachtslied anzuhören, diese holde Weise von der stillen Nacht,

die schon so lang, über die Grenzen und Zeiten hinaus, das Gemüt der Menschen bewegt. Heute liegt das alles weit zurück, aller Weihnachtsglanz der Kindheit. Aber die Christnacht ist immer noch voll von Geheimnissen, sie blieb die Nacht der Offenbarungen. Ich trete vor das Haus, lang vor Mitternacht, ich schaue empor, das Licht der Sterne stürzt mir in die Augen, aber alles ist still, alles hält den Atem an und wartet auf das Wunder. Auf den Höhen sehe ich schwebende Lichter, als hätten sich Sterne vom Himmel gelöst und wanderten nun ins Tal. Das sind die Kienfackeln und die Laternen der Leute, die vom Berg herab zur Mette gehen. Im letzten Jahr, als ich selber den verschneiten Bach entlang lief, da fand ich eine erfrorene Kuckucksblume, unzählige braune Samenkörner rieselten in meine Hand. Und während ich sie weit verstreute, dachte ich so vor mich hin, wie tröstlich es doch ist, dass sich Gottvater nicht auch von den Ergebnissen unserer Wissenschaft erschrecken lässt, sondern dass er nach wie vor nur seinen Kuckucksblumensamen erzeugt.
Ich ging aber weiter, und plötzlich schlugen die Glocken an und läuteten freudevoll zusammen. Gloria! sang der Pfarrer in der Kirche mit aller Gewalt – Gloria in excelsis Deo! Und die Leute fielen ins Knie, und es waren wieder Hirten und Bauern wie damals

in der gesegneten Stunde. Nun ja, Hirten – aber wir meine Freunde? Leben wir nicht auch in einer Weltzeit des Advents? Scheint uns nicht alles von der aufkommenden Finsternis bedroht zu werden, das karge Glück unseres Daseins? Wir warten bang auf den Engel mit der Botschaft des Friedens und überhören so leicht, dass diese Botschaft nur denen gilt, die guten Willens sind. Es ist keine Hilfe und keine Zuflucht bei der Weisheit der Weisen und bei der Macht der Mächtigen. Denn der Herr kam nicht zur Welt, damit die Menschen weiser, sondern damit sie gütiger würden. Und darum sind es allein die Kräfte des Herzens, die uns vielleicht noch werden retten können.

Weihnachten in Cochinchina

JOSEPH ROTH

Es geschah an einem der wunderbaren Tage, die dem Anbruch der Weihnachtsferien mit angehaltenem Atem vorangingen und die ich damals den schulfreien Zeiten ebenso vorzog, wie ich heute den

Tag meiner Abfahrt einer langen Reise vorziehe, dass der Herr Lehrer sagte: „Jungens, wer fünf Pfennige hat, kommt heute Nachmittag hierher in die Klasse, wir gehen ins Weltpanorama!“

Ich streckte zwei Finger in die Höhe und sagte: „Ich habe keine fünf Pfennige!“

Einen Augenblick herrschte Schweigen, wie wenn der Herr Direktor inspizieren gekommen wäre. Der Lehrer hatte sich umgewandt, den Rücken kehrte er der Klasse zu, das Angesicht der Tafel, als glaubte er, dass von ihr ein Gedanke komme, dass auf ihrer matten, schwarzen Fläche ein unsichtbarer Engel mit weißer Kreide einen guten Rat hinschreiben könnte. Wahrscheinlich geschah etwas Ähnliches. Denn nach ungefähr einer Minute wandte der Lehrer sein Gesicht wieder der Klasse zu und sagte zu mir, der ich immer noch stand: „Setz dich vorderhand!“

In der Pause kam der Schuldiener in den Hof und holte mich zum Herrn Direktor in die Kanzlei.

„Zeig deine schmutzigen Finger her!“, schrie der Herr Direktor. Ich hielt beide Hände in die Luft, waagrecht vor mich hin.

Der Herr Direktor beugte sich ein wenig hinab, um sie zu betrachten. Er hatte aber nicht den goldgeränderten Zwicker angelegt, wie er es sonst zu tun

pflegte, wenn er etwas ernstlich zu untersuchen entschlossen war. Ich wusste bereits, dass es sich um etwas ganz anderes handelte als um meine schmutzigen Finger.
„Du gehst heute mit ins Weltpanorama, ohne zu zahlen!“, sagte der Herr Direktor. Vielleicht hätte er mir noch etwas mitzuteilen gehabt. Aber es läutete schon. Deshalb murmelte er nur: „Geh in die Klasse!“
Ich kratzte mit einem Fuß die Diele und ging.
Am Nachmittag um drei Uhr, die Dämmerung lauerte schon an den Fenstern, brachen wir auf zum Weltpanorama.
Es lag in einer stillen, kleinen Gasse und sah von außen einem gewöhnlichen Laden ähnlich. Über der Glastür hing eine rotweiße Fahne, öffnete man die Tür, so erklang eine Glocke wie ein Gruß. Am Eingang saß eine Dame wie eine grauhaarige Königin und verkaufte Eintrittskarten. Drinnen war es dunkel, warm und sehr still. Sobald sich die Augen an die Dunkelheit gewöhnt hatten, erblickten sie einen Kasten, rund wie ein Karussell, hoch wie der halbe Raum, mit Gucklöchern in Manneshöhe die ganze Rundung entlang, in Abständen von etwa je zwanzig Zentimetern. Die Gucklöcher an dem Kasten leuchteten wie Katzenaugen in der Finsternis. Man ahn-

te, dass der Kasten innen hohl und beleuchtet war. Unten stahl sich aus seinem Innern ein schwacher, geheimnisvoller Schimmer und verschwamm auf dem Fußboden. Vor jedem Guckloch-Paar stand ein runder Klaviersessel.
„Setzen!“, sagte der Herr Lehrer, es klang wie in der Klasse, aber in der Finsternis war es kein Befehl, sondern nur eine Art milder Einladung.
Wir rückten mit den Stühlen, ich saß, weil ich zu klein war, nicht ganz, sondern hatte den runden Sessel gleichsam halb gelüftet und presste meine Nase gegen die Wand des Kastens, meine Augen gegen die Gucklöcher, die von Metall umrahmt waren.
Drinnen erschienen Bilder aus Cochinchina. Der Himmel war blau, unendlich, strahlend. Es war jene Art von sommerlichem Blau, das so aussieht, als hätte es in sich eine Menge Sonnengold verschluckt, verwischt, zerrieben und in noch mehr Blau verwandelt. Man hatte die Empfindung, dass dieser blaue Himmel strahlen müsste, auch wenn er keine Sonne zu tragen hätte. Aber zum Überfluss schien auch noch die Sonne. Nach dem zweiten Bild wusste ich nicht mehr, dass draußen Dezember war und Regen in gasförmigem Aggregatzustand in der Luft. Die Sonne rann aus dem Kasten durch die Augen ins Herz und gleichzeitig in die Welt. Unbeweglich

wie eine Art Naturtürme ragten riesenhohe Palmen und warfen einen kurzen, mittäglichen Schatten, der sich scharf und schwarz auf dem gelben Boden abzeichnete. Weiße Männer in Tropenhelmen standen da wie eingeklebt, mitten im Gehen aufgehalten, ein Fuß schwebte immer noch in der Luft – und man glaubte, er werde die Erde berühren, sobald das nächste Bild erschienen wäre. Man sah halbnackte Eingeborenenfrauen mit erregenden Brüsten, wie schöne, bronzene Kegel, die allzuschnell verschwanden, und mit blauen Lendenschurzen, die gewiss abgefallen wären, wenn man die Bilder hätte halten können. Man sah eine Schule im Freien. Eine vollkommen zugeknöpfte Lehrerin aus Europa unterrichtete völlig nackte Kinder. Alle hielten Schiefertafeln im Schoß und saßen auf ihren eigenen Füßen. Nur die Lehrerin saß erhöht auf einem umgelegten Baum, einem Elementarkatheder. Man sah Fischer und Badende, einen Radfahrer mit einem Girardihut und eine Dame mit einem wehenden Reiseschleier, der hinter ihr weiß und waagrecht durch die Luft schwamm, wie Rauch hinter dem Schornstein eines Dampfers. Sooft ein neues Bild erschien, räusperte sich etwas im Kasten, wie in alten Uhren, ehe sie schlagen. Dann erklang ein leiser, heller, lieblicher Gongschlag. Dann erfolgte eine leise Erschütterung, es bebte das Gefüge des runden Apparates, als ächzte er unter der Mühe, so viele fremde, ferne Welten heranzuholen. Immer tiefer wurde das Blau, strahlender das Weiß, goldener die Sonne, azuren wurde das Grün, aufregender die regungslosen Frauenleiber, anmutiger die nackten Kinder.

Nach einer halben Stunde wiederholte sich das erste Bild.

Da ertönte die Stimme des Lehrers wie Dezember: „Aufstehn!" Ich trottete betäubt nach Hause. Es war, als wäre der Dezember ein Traum, der bald vorbei sein, und Cochinchina die Wirklichkeit, in die ich bald erwachen müsste. So blieb es eigentlich viele Jahre lang. In mir lag Cochinchina, wie in jenem Kasten.

Vor einem Jahr, um die Weihnachtszeit, kam ich in eine kleine Stadt. In einer schmalen, engen Gasse erblickte ich ein Schild: „Weltpanorama" stand darauf. „Cochinchina!", jubelte meine Erinnerung. Ich ging hinein – nicht mehr umsonst, es kostete fünfzig Pfennige für Erwachsene, zu denen ich merkwürdigerweise gezählt wurde. Es war fast leer. Der Kasten räusperte sich, der Gong schlug an, genau wie damals. Aber auf den Bildern war nicht mehr Cochinchina zu sehen. Man zeigte vielmehr die Schweiz. – Leider. – Mitten im Winter. – Schneegipfel. – Ein Hotel mit modernem Komfort, mit einer Lesehalle. –

Ich lehnte mich zurück. Zwei Stühle von mir entfernt saß ein Herr. Er sah, wie mir schien, leidenschaftlich interessiert durch die Gucklöcher. Welch ein langweiliger Kerl! dachte ich voller Gehässigkeit, mitten in der Weihnachtszeit.
Als ich aber wieder draußen stand, wurde ich sanft und gerecht. Vielleicht – so dachte ich – hat er in seiner Knabenzeit gerade die Schweiz sehen dürfen. – Umsonst. – Vor Weihnachten. – Und: schließlich hat jeder sein Cochinchina.

Schlittenfahrt

HERBERT ROSENDORFER

Meine Großeltern hatten eine treue Kundschaft in Sankt Johann – zehn Kilometer von Eichkatzelried entfernt –, den „Dampflwirt", der sein ganzes Haus aus dem Geschäft meiner Großeltern einrichtete, soweit Kriegszeiten eine Einrichtung zuließen.
Weil nun eine Hand die andere wäscht, wurde eines Tages beschlossen, am Sonntag zu Mittag beim „Dampflwirt" ein großes Essen einzunehmen – eben-

falls, soweit es die Kriegszeiten zuließen. (Mit gutem Willen ließen sie erstaunlich viel zu, erinnere ich mich deutlich, sowohl beim Einrichten als auch beim Essen, wie gesagt … eine Hand wäscht die andere.)
Es war tiefer Winter, aber ein klarer Tag. Es war ganz selbstverständlich, dass man nach Sankt Johann mit dem Schlitten fuhr. Es gab zwar die Eisenbahn, aber die war nicht oder kaum beheizt und unbequem. Außerdem erschienen so kurze Strecken meinen Großeltern für eine Eisenbahnfahrt unangemessen. Automobile gab es in ganz Eichkatzelried kein halbes Dutzend: Jeder der drei Ärzte hatte eins und vielleicht der Kreis-Ober-Nationalsozialist, von Taxi keine Rede.
Es wurde also für elf Uhr ein zweispänniger Schlitten vom Fuhrunternehmer Mariacher vors Haus bestellt.
Nach dem Frühstück und der Messe ergriff alle Beteiligten die Erregung. Meine Großmutter erkundigte sich am Telefon, auch das wird einst märchenhaft sein: Man drehte seitlich am Apparat an einer kleinen Kurbel; dann meldete sich das Fräulein vom Amt, meine Großmutter verlangte „Mariacher" – Telefonnummern gab es wohl, aber niemand belastete sein Gedächtnis damit – das Telefonfräulein sagte: „Ja, Frau Rosendorfer", sie kannte alle an der Stimme, und nach einiger

Zeit meldete sich dann jemand auf der anderen Seite: „Ja?“, und meine Großmutter erkundigte sich, ob der Schlitten auch gewiss käme … ja, gewiss … pünktlich? … pünktlich … und so weiter.
Ich wurde in unzählige Pullover und Jacken gesteckt, in Mäntel und Übermäntel, bis ich so dick war, dass mein Onkel befürchtete, ich würde aus dem Schlitten rollen. Meine Großmutter zog alle drei Pelzmäntel dreimal an – einmal den schwarzen, einmal den braunen und einmal den grauen obenauf, je nach ihrem, oft minutenweise wechselnden Geschmack –, mein Großvater bürstete und kämmte sich kräftig und sorgfältig, dem Dienstmädchen, einem ältlichen Fräulein mit Namen Elsa, wurden substantiierte Anweisungen über das Verhalten während der Abwesenheit gegeben (verschiedene von jedem), es ging gegen halb elf. Um halb elf war man theoretisch fertig, um elf nicht mehr. Die überflüssige halbe Stunde hatte zu erneuten Dispositionen verleitet, die dann wieder mehr als eine halbe Stunde in Anspruch nahmen. Es wurde doch noch einmal nachgeheizt, meine Großmutter zog doch den schwarzen Pelzmantel *über* den anderen an, ich musste doch noch den Bleisoldaten ohne Kopf im Keller suchen, und so fort.
Gegen elf Uhr läutete es – „der Schlitten“ –, ich eilte

zum Fenster. Auf dem breiten Trottoir vor dem Geschäft stand er. Mit gesenkten Köpfen, dampfenden Nüstern und stampfend standen die beiden Pferde und rieben die Hälse aneinander. Der Kutscher mit der Peitsche schaute herauf und schrie – was jeder sah –, dass er jetzt da wäre.

„Einen Moment noch."

Der Kutscher wandte sich den Pferden zu, zupfte ihre Decken gerade, beschäftigte sich mit dem Schlitten. Heroben wurde abgesperrt, wieder aufgesperrt, weil drinnen der Schlüssel für die äußerste Tür liegen geblieben war ... doch nicht liegen geblieben, er steckte, wieder zugesperrt. Meine Großmutter überlegte, ob sie nicht doch den grauen Pelzmantel ... Geduldig stampften die Pferde in der klaren, ruhigen Kälte draußen, und der Kutscher rieb sich mit seinen grobwollenen Handschuhen das Gesicht.

Endlich war es so weit. Der Kutscher öffnete die spielerisch kleine, bauchige, verzierte Tür am Schlitten, ließ die beiden kleinen Trittbretter, eine Miniaturleiter, herunter, mit vereinten Kräften wurde meine Großmutter in den Wagen geschoben. Mein Großvater – er hatte seinen dicksten Überzieher an, mit Bisamfellen durchaus gefüttert, so schwer, dass ich den Mantel nicht aufzuheben vermochte – setzte sich neben sie, beide in Fahrtrichtung. Wer sonst noch mitfuhr, weiß ich nicht mehr, mein Onkel und meine Tante vielleicht, vielleicht ein anderer Onkel, der gerade auf Urlaub aus dem Feld war. Es war jedenfalls eine ganze Gesellschaft, eine richtige Schlittenpartie.

Als alle saßen, wurden die Knie in grobe, gelbschwarz-karierte, rotgeränderte Decken gewickelt, eine andere Decke darüber gelegt und dann eine dritte. Pinzi (das war ich) sollte eigentlich zwischen den Großeltern in wohliger Wärme wie in einem Nest sitzen. Ich tobte aber und schrie: Ich wolle auf den Bock. „Gut, du gehst auf den Bock." Meine Großmutter gab wieder Anweisungen, wie ich an dieser ausgesetzten Stelle richtig vor der Kälte geschützt werden musste: eine Decke um den Körper gewickelt, unter den Achseln, eine über die Knie, eine über das Ganze drüber.

Nach längerem Hin und Her, ob nichts vergessen wäre, wurde der Befehl zum Aufbruch gegeben.

Der Kutscher schnalzte mit der Peitsche, die Pferde zogen das Kreuz durch, scharrten mit den Hinterfüßen kräftig ein paar Mal im brettharten Schnee der Straße und zogen dann mit einem Ruck, der alles durcheinanderschüttelte, den Schlitten vom Fleck. Einmal angezogen, glitten die Kufen – vorne hoch aufgebogen wie das Geweih eines exotischen Widders – auf der verschneiten Straße dahin. Auf dem Trottoir vor dem Haus hatte eines der Pferde sein Siegel zurückgelassen: hellgoldgelben, dampfenden Haferextrakt, der kraft seiner Wärme leicht in den Schnee eingesunken war.

Es war kalt, aber kein Hauch bewegte die schwer mit Schnee beladenen, in der Wintersonne tausendfach blitzenden und glitzernden Fichten am Rand der damals noch fast unbebauten Straße von Eichkatzelried nach Sankt Johann. Lautlos lag die Welt, das wahrhaft majestätische Massiv des Wilden Kaisers – wie das Totenmonument eines urweltlichen Herrschers – lag, deutlich sichtbar mit jeder Schrunde und Spitze, tieftaubenblau über dem verschneiten Land in der kristallklaren Luft des eisigen Wintermorgens ... das sanft gebogene Eichkatzelrieder Horn, bis zum Gipfel mit Schnee bedeckt, goldglänzend die Sonnenseiten, feenblau die Schatten, darüber der hellblaue, fast zerbrechlich weiße, makellose Himmel. Wie tief die Welt verschneit war, konnte man an den sommers mannshohen Zaunpfosten entlang der Straße sehen, die jetzt nicht mehr als handbreit – schwarzbraun, mit einem hohen Gupf Schnee bedeckt – aus dem weithin unberührten, jungfräulichen, jede Unebenheit des Bodens nivellierenden, strahlend weißen Schnee ragten ... das einzige Geräusch – es ist wirklich wie ein Märchen – waren die Schellen an den Halftern der Pferde, die im Takt der trabenden Schritte in einem ausdauernden, fröhlichen, nicht zu langsamen, aber dennoch geruhsamen Allegro die Begleitung zur Fröhlichkeit der Schlittenpartie klingelten.

Im steten Trab, bald eine sanfte Kurve nach links, bald nach rechts, ging es voran. Die Ache wurde überquert: ein Eisbach, dessen Anblick schon ängstigt, wenn man sieht, wie sein grünes Wasser über dick gefrorene Steine und zwischen den ebenfalls dick mit poliertem Eis überkrusteten, wie gepanzerten, Ufern dahinschoss. Die sichere Brücke mit dem tief verschneiten Geländer führte uns darüber.

Auf einer ungefährlichen, geraden Strecke erlaubte mir der Kutscher, die Zügel zu führen. Jauchzend, rotwangig vor Aufregung und Kälte, fasste ich die Zügel, schnalzte mit der Zunge, und während ich glaubte, wir flögen dahin im Flaum der verschneiten Welt, gefror mir der Rotz zwischen Nase und Mund, eine winterliche Herrlichkeit.

Wir näherten uns Oberndorf, einem kleinen Weiler auf der Hälfte des Weges. Die Bauern standen nach der Elf-Uhr-Messe in kleinen Gruppen vor der Kirche und redeten oder schickten sich an, zum „Kramerwirt“ hineinzugehen. Selbstverständlich übernahm hier der Kutscher wieder die Zügel, vielleicht durfte ich sie danach kurz noch einmal halten, dann war man in Sankt Johann.

Knirschend im harten, niedergetretenen Schnee der Straße vorm „Dampflwirt" hielt der Schlitten, die Schellen verklangen in einer Fermate, die in der Begrüßung des Wirtes unterging. Wir waren natürlich längst gemeldet, der Tisch war reserviert in der Extrastube, eine Magd legte eben noch einen Arm voll Buchenscheiter in den hohen, weißen, kuppelförmigen, mit grünen Warzen verzierten Ofen, der Duft des Harzes der im Feuer krachenden Scheiter durchzog fein und wohlig die alte Holztäfelung des Raumes … vermischt mit dem Duft der Leberknödelsuppe.

Stühle wurden gerückt, der Wirt rieb sich die Hände, unzählige Mäntel wurden abgelegt, der Kutscher spannte draußen die Pferde aus. Sie kamen in den Stall zu den Sankt Johanner Kollegen, er in die Küche, wo er wohl den Mägden in die Schenkel zwickte und darüber hinaus vereinbarungsgemäß verköstigt wurde.

Im Folgenden begleitete die Fröhlichkeit der Schlittenpartie das Klingen der Messer und Gabeln über den Schnitzeln und Koteletten, über dem wacholderduftenden Kraut, über den knusprigen Erdäpfeln, über den faustgroßen Knödeln, mit brauner Butter übergossen, aus denen die roten Speckbröcklein lugten, über der Leber in Rahmsauce für meine Großmutter – ihr Leibgericht – und über die gedünstete Zunge und den aufgeplatzten, leicht angerösteten Bratwürsten für meinen Großvater, und wurden hie und da unterbrochen durch das Klingen der kleinen, bauchigen Weingläser, aus denen die Herren der Partie roten, die Damen und dazu ich Glühwein tranken: Rotwein, mit Nelken, etwas Zucker und Zitronenschalen versetzt, siedend in einem Kupferkessel an den Tisch gebracht und hier angezündet, dass eine kaum sichtbare bläuliche Flamme hoch aufzüngelte, der dann mit Messingkellen in die Gläser geschöpft wurde.

Nicht nur die eisige, kristallene Kälte des Wintersonntags mit seinem metertiefen Schnee, die Feindlichkeiten des Lebens überhaupt, die Zeit, alles verwich vor der behaglichen, scheiterknisternden, bratenduftenden Genüsslichkeit des getäfelten Raumes.

Es kam dann noch Kaffee, kostbarer Bohnenkaffee („von bloß Kern“, wie ihn meine Großmutter zum Unterschied vom Ersatzkaffee nannte), Streuselkuchen und meterlange, goldbraune, fetttriefende Strauben und Schlagrahm und für die Erwachsenen kleine Gläschen mit glasklarem, ölgelbem Obstschnaps, schwarzgebrannt ohne Zweifel, der nach den prangenden Früchten des Herbstes roch und der so scharf war, dass man überhaupt nichts schmeckte, bis nicht seine wohltätige Wirkung vom Magen aus ihre tausend seligen Arme in alle Teile des Körpers reckte, was auch ich merkte, als ich ein klein wenig am Gläschen meiner Großmutter nippen durfte.

Der Wirt setzte sich, nachdem die Kompanie der Mägde die leeren Schüsseln und Teller abgeräumt hatte, ein wenig zu uns, es wurde über allerhand gesprochen, was mich nicht interessierte. Ich schaute derweil eine illustrierte Zeitung an, und der Wirt hielt einen langen Pechspan in die nachgerade höllische Glut des Ofens und zündete damit seine Deckelpfeife und meinem Großvater und meinen Onkeln eine Zigarre an, sodass dieser weltliche Weihrauch den entschwindenden Geruch des Essens ersetzte.

Als es dämmerte – dort im tiefen Winter um drei Uhr –, wurde dem Kutscher geheißen, die Pferde wieder anzuspannen. Es wurde selbstverständlich nicht bezahlt, sondern mit irgendwelchen Tuchentbezügen und Leintüchern verrechnet. Dann kam der Aufbruch.

Die nächtliche Luft schlug uns wie ein Tuch unter der gedrungenen Tür des Gasthauses entgegen. Freiwillig verzichtete ich jetzt auf den Platz am

Bock und setzte mich zwischen meine Großeltern. Wieder zogen die Pferde mit einem Ruck, der alles schüttelte, den Schlitten an. Der Wirt und die Wirtin verabschiedeten sich laut und gestikulierend, wir winkten zurück.
Die Dämmerung, und bald die Nacht, verzauberte die Landschaft vollends. Tiefblau zogen sich die langen Schatten, die die schwarzen Fichten im vollen Mondlicht warfen, über die schweigend verschneiten Felder. Die Nacht wölbte sich mit den tausend funkelnden Sternen über die winterliche Einsamkeit der Straße. Von den Höfen blitzten die rötlichen Lichter der kleinen erleuchteten Fenster, die fast vom Schnee erstickt schienen. Der dampfende Atem der Pferde war nicht mehr zu sehen, das Klingeln der Schellen weckte hie und da die Krähen in den Fichten, die sich schreiend erhoben und hinter uns sich wieder in die Zweige setzten, die jedes Mal einen Berg ihrer Last an Schnee polternd entluden.
Die – obwohl verschneit – tiefschwarzen Berge hoben sich in einem Panorama von Silhouetten vom unendlich glasig-smaragdenen Himmel ab, und nichts, kein Hauch, kein Atem, nur die unendliche, eisige, glasharte und spröde Ruhe des mächtigen Winters schien um uns in dem jetzt eiligeren Schlitten – eingehüllt in Decken, satt und warm.

Als wir die Stadt erreichten, dämpften die ersten Häuser den Schritt der Pferde und das Klingeln der Schellen.
Daheim hatte Elsa das Feuer bewacht. Das ganze Haus war bald erleuchtet. Kälte und Schlitten hatten wieder hungrig gemacht, und während der Tisch gedeckt wurde, hörte man draußen den Kutscher schnalzen, die Pferde ein letztes Mal anziehen und die Schellen der Geschirre, dieses liebliche Divertimento des Winters, wie es früher war, in die Nacht hinaus verklingen.
Ein Winter-Märchen … und das märchenhafteste davon ist, dass es dennoch alltäglich war. Kann man das heute einem Kind anders erzählen, als erzählte man ein Märchen? Bin ich schon so alt, dass eine ganze Welt versunken ist, seit ich ein Kind war? Ich glaube nicht, dass ich mich täusche, dass der Glanz der Erinnerung mich täuscht: Diese Welt gibt es nicht mehr. So einen Winter gibt es nicht mehr.

Weihnachtsmorgen

THEODOR FONTANE

An Lewins Seele waren inzwischen unruhige Träume vorübergegangen. Die Fahrt im Ostwind hatte ihn fiebrig gemacht, und erst gegen Morgen verfiel er in einen festen Schlaf. Eine Stunde später begann es bereits im Hause lebendig zu werden; auf dem langen Korridor, an dessen Nordostecke Lewins Zimmer gelegen war, hallten Schritte auf und ab, schwere Holzkörbe wurden vor die Feuerstellen gesetzt und große Scheite von außen her in den Ofen geschoben. Bald darauf öffnete sich die Tür, und der alte Diener, der am Abend zuvor seinen jungen Herrn empfangen hatte, trat ein, einen Blaker in der Hand. Hektor blieb liegen, reckte sich auf dem Rehfell und wedelte nur, als ob er rapportieren wolle: Alles in Ordnung. Jeetze setzte das Licht, dessen Flamme er bis dahin mit seiner Rechten sorglich gehütet hatte, hinter einen Schirm und begann alles, was an Garderobestücken umherlag, über seinen linken Arm zu packen. Er selbst war noch im Morgenkostüm; zu den Samthosen und Gamaschen, ohne die er nicht wohl zu denken war, trug er einen

Arbeitsrock von doppeltem Zwillich. Als er alles beisammen hatte, trat er, leise wie er gekommen war, seinen Rückzug an, dabei nach Art alter Leute unverständliche Worte vor sich hermurmelnd. An dem zustimmenden Nicken seines Kopfes aber ließ sich erkennen, daß er zufrieden und guter Laune war.

Die Türe blieb halb offen, und das erwachende Leben des Hauses drang in immer mahnenderen, aber auch in immer anheimelnderen Klängen in das wieder still gewordene Zimmer. Die großen Scheite Fichtenholz sprangen mit lautem Krach auseinander, von Zeit zu Zeit zischte das Wasser, das aus den nassgewordenen Stücken in kleinen Rinnen ins Feuer lief, und von der Korridornische her hörte man den sichern und regelrechten Strich, mit dem Jeetzes Bürste der Hacheln und Härchen, die nicht loslassen wollten, Herr zu werden suchte.

Alles das war hörbar genug, nur Lewin hörte es nicht. Endlich beschloss Hektor, der Ungeduld Jeetzes und seiner eigenen ein Ende zu machen, richtete sich auf, legte beide Vorderpfoten aufs Deckbett und fuhr mit seiner Zunge über die Stirn des Schlafenden hin, ohne weitere Sorge, ob seine Liebkosungen willkommen seien oder nicht. Lewin wachte auf; die erste Verwirrung wich einem heiteren Lachen. „Kusch dich, Hektor“, damit sprang er aus dem Bett.

Der Morgenschlaf hatte ihn frisch gemacht; in wenig Minuten war er angekleidet, ein Vorteil halb soldatischer Erziehung. Er durchschritt ein paarmal das Zimmer, betrachtete lächelnd einen mit vier Nadeln an die Tischdecke festgesteckten Bogen Papier, auf dem in großen Buchstaben stand: „Willkommen in Hohen-Vietz", ließ seine Augen über ein paar Silhouettenbilder gleiten, die er von Jugend auf kannte und doch immer wieder mit derselben Freudigkeit begrüßte, und trat dann an eines der zugefrorenen Eckfenster. Sein Hauch taute die Eisblumen fort, ein Fleckchen, nicht größer wie eine Glaslinse, wurde frei, und sein erster Blick fiel jetzt auf die eben aufgehende Weihnachtssonne, deren roter Ball hinter dem Turmknopf der Hohen-Vietzer Kirche stand. Zwischen ihm und dieser Kirche erhoben sich die Bäume des hügelansteigenden Parkes, fantastisch bereift, auf einzelnen ein paar Raben, die in die Sonne sahen und mit Gekreisch den Tag begrüßten.

Lewin freute sich noch des Bildes, als es an die Türe klopfte.

„Nur herein!"

Eine schlanke Mädchengestalt trat ein, und mit herzlichem Kuss schlossen sich die Geschwister in die Arme. Dass es Geschwister waren, zeigte der erste Blick: gleiche Figur und Haltung, dieselben ovalen

Köpfe, vor allem dieselben Augen, aus denen Fantasie, Klugheit und Treue sprachen.

„Wie freue ich mich, dich wieder hier zu haben. Du bleibst doch über das Fest? Und wie gut du aussiehst, Lewin! Sie sagen, wir ähnelten uns; es wird mich noch eitel machen."

Die Schwester, die bis dahin wie musternd vor dem Bruder gestanden hatte, legte jetzt ihren Arm in den seinen und fuhr dann, während beide auf der breiten Strohmatte des Zimmers auf- und abpromenierten, in ihrem Geplauder fort.

„Du glaubst nicht, Lewin, wie öde Tage wir jetzt haben. Seit einer Woche flog uns nichts wie Schneeflocken ins Haus."

„Aber du hast doch den Papa ..."

„Ja und nein. Ich hab' ihn und hab' ihn nicht; jedenfalls ist er nicht mehr, wie er war. Seine kleinen Aufmerksamkeiten bleiben aus; er hat kein Ohr mehr für mich, und wenn er es hat, so zwingt er sich und lächelt. Und an dem allen sind die Zeitungen schuld, die ich freilich auch nicht missen möchte. Kaum dass Hoppenmarieken in den Flur tritt und das Postpaket aus ihrem Kattuntuch wickelt, so ist es mit seiner Ruhe hin. Er geht an mir vorbei, ohne mich zu sehen. Briefe werden geschrieben; die Pferde kommen kaum noch aus dem Geschirr; zu Wagen und zu Schlitten geht es hierhin und dorthin. Oft sind wir tagelang allein. Ein Glück, dass ich Tante Schorlemmer habe, ich ängstigte mich sonst zu Tode."

„Tante Schorlemmer! So findet alles seine Zeit."

„Oh, sie braucht nicht erst ihre Zeit zu finden, sie hat immer ihre Zeit, das weiß niemand besser als du und ich. Aber freilich, eines ist meiner guten Schorlemmer nicht gegeben, einen öden Tag minder öde zu machen. Möchtest du, eingeschneit, einen Winter lang mit ihr und ihren Sprüchen am Spinnrad sitzen?"

„Nicht um die Welt. Aber wo bleibt der Pastor? Und wo bleibt Marie? Ist denn alles zerstoben und verflogen?"

„Nein, nein, sie sind da, und sie kommen auch und sind die alten noch; lieb und gut wie immer. Aber unsere Hohen-Vietzer Tage sind so lang und am längsten, wenn im Kalender die kürzesten stehen. Marie kommt übrigens heute Abend; sie hat eben anfragen lassen."

„Und wie geht es unserm Liebling?"

„In den drei Monaten, dass du nicht hier warst, ist sie voll herangewachsen. Sie ist wie ein Märchen. Wenn morgen eine goldene Kutsche bei Kniehases vorgefahren käme, um sie aus dem Schulzenhause mit zwei schleppentragenden Pagen abzuholen, ich würde mich nicht wundern. Und doch ängstigt sie mich. Aber je mehr ich mich um sie sorge, desto mehr liebe ich sie."

Soweit waren die Geschwister in ihren Plaudereien gekommen, als Jeetze – nunmehr in voller Livree – in der Türe erschien, um seinen jungen Herrschaften anzukündigen, dass es Zeit sei.

„Wo ist Papa?"

„Er baut auf. Krist und ich haben zutragen müssen."

„Und Tante Schorlemmer?"

„Ist im Flur. Die Singekinder sind eben gekommen."

Lewin und Renate nickten einander zu und traten dann heiteren Gesichts und leichten Ganges, ein jeder stolz auf den andern, in den Korridor hinaus. In demselben Augenblick, wo sie an dem Treppenkopf angelangt waren, klang es weihnachtlich von hellen Kinderstimmen zu ihnen herauf. Und doch war es kein eigentliches Weihnachtslied. Es war das alte „Nun danket alle Gott", das den märkischen Kehlen am geläufigsten ist und am freiesten aus ihrer Seele kommt. „Wie schön", sagte Lewin und horchte, bis die erste Strophe zu Ende war.

Als die Geschwister im Niedersteigen den untersten Treppenabsatz erreicht hatten, hielten sie abermals und überblickten nun das Bild zu ihren Füßen. Die gewölbte Flurhalle, groß und geräumig, trotz der Eichenschränke, die umherstanden, war mit Menschen, jungen und alten, gefüllt; einige Mütterchen hockten auf der Treppe, deren unterste Stufen bis weit in den Flur hinein vorsprangen. Links, nach der Park- und Gartentür zu, standen die Kinder, einige sonntäglich geputzt, die anderen notdürftig gekleidet, hinter ihnen die Armen des Dorfes, auch Sieche und Krüppel; nach rechts hin aber hatte alles, was zum Hause gehörte, seine Aufstellung genommen: der Jäger, der Inspektor, der Maier, Krist und Jeetze, dazu die Mägde, der Mehrzahl nach jung und hübsch und alle gekleidet in die malerische Tracht dieser Gegenden, den roten Friesrock, das schwarzseidene Kopftuch und den geblümten Manchester-Spenzer. In Front dieser bunten Mädchengruppe gewahrte man eine ältliche Dame über fünfzig, graugekleidet mit weißem Tuch und kleiner Tüllhaube, die Hände gefaltet, den Kopf vorgebeugt, wie um dem Gesange der Kinder mit mehr Andacht folgen zu können. Es war Tante Schorlemmer. Nur als die Geschwister auf dem Treppenabsatz erschienen, unterbrach sie ihre Haltung und erwiderte Lewins Gruß mit einem freundlichen Nicken.

Nun war auch der zweite Vers gesungen, und die Weihnachtsbescherung an die Armen und Kinder des Dorfes, wie sie in diesem Hause seit alten Zeiten Sitte war, nahm ihren Anfang. Niemand drängte vor; jeder wusste, dass ihm das Seine werden würde. Die Kranken erhielten eine Suppe, die Krüppel ein Almosen, alle einen Festkuchen, an die Kinder aber traten die Mägde heran und schütteten ihnen Äpfel und Nüsse in die mitgebrachten Säcke und Taschen. Das Gabenspenden war kaum zu Ende, als die große, vom Flur aus in die Halle führende Flügeltüre von innen her sich öffnete und ein heller Lichtschein in den bis dahin nur halb erleuchteten Flur drang. Damit war das Zeichen gegeben, dass nun dem Hause selber beschert werden solle. Der alte Vitzewitz trat zwischen Türe und Weihnachtsbaum, und Lewins ansichtig werdend, der am Arm der Schwester dem Festzug voraufschritt, rief er ihm zu: „Willkommen, Lewin, in Hohen-Vietz." Vater und Sohn begrüßten sich herzlich; dann setzten die Geschwister ihren Umgang um die Tafel fort, während draußen im Flur die Kinder wieder anstimmten:

Lob, Ehr' und Preis sei Gott,
Dem Vater und dem Sohne,
Und auch dem Heil'gen Geist
Im hohen Himmelsthrone.

Der Zug löste sich nun auf, und jeder trat an seinen Platz und seine Geschenke. Alles gefiel und erfreute, die Schals, die Westen, die seidenen Tücher. Da lagerte kein Unmut, keine Enttäuschung auf den Stirnen; jeder wusste, dass schwere Zeiten waren, und dass der viel heimgesuchte Herr von Hohen-Vietz sich mancher Entbehrung unterziehen mußte, um die gute Sitte des Hauses auch in bösen Tagen aufrechtzuerhalten.
Zu beiden Seiten des Kamins, über dessen breiter Marmorkonsole das überlebensgroße Bild des alten Matthias aufragte, waren auf kleinen Tischen die Gaben ausgebreitet, die der Vater für Lewin und Renaten gewählt hatte. Lieblingswünsche hatten ihre Erfüllung gefunden, sonst waren sie nicht reichlich. An Lewins Platz lag eine gezogene Doppelbüchse, Suhler Arbeit, sauber, leicht, fest, eine Freude für den Kenner.
„Das ist für dich, Lewin. Wir leben in wunderbaren Tagen. Und nun komm und lass uns plaudern."
Beide traten in das nebenan gelegene Zimmer, während in der Halle die Weihnachtslichter niederbrannten.

Weihnachtsgeheimnis

PETRA FIETZEK

„Komm mal“, hattest du an einem Herbstabend gerufen, als ich in der Küche das Abendbrot zubereitete.

Ich stellte die Teller auf den Holztisch und zog die Besteckschublade auf. „Jetzt?“, fragte ich. „Ja, jetzt sofort“, sagtest du.

Du standst in deiner Arbeitsjeans und der grauen Fliegerjacke mit den kleinen Taschen im Türrahmen. In einer Hand hieltest du einen dreckigen Lappen. Zusammen gingen wir durch den alten Garten zu deinem Atelier. Durch die Drahtglasscheiben schimmerte warmes, gelbliches Licht.

Dein Atelier war voller Farbtuben, Pinsel und Leinwände. In der Mitte stand eine Staffelei neben zwei Arbeitstischen. Du legtest den Lappen auf einen fellbezogenen Drehstuhl.

„Dieses Bild habe ich vorhin gemalt“, sagtest du.

Auf der Staffelei stand ein großformatiges Gemälde. Es zeigte ein schwarzrotes, buschartiges Gebilde. Der Bildhintergrund war dunkelblau. Du drehtest den Wasserkran auf und wuschst deine Hände.

„Der Dornbusch“, sagtest du.
Ich nickte. Ja, ein schwarzrot verzweigter Dornbusch in einer dunklen Nacht.
„Aber es fehlt der Gottesbezug, die Gottesunmittelbarkeit“, fuhrst du fort.
Gemeinsam sahen wir uns das Bild an.
„Gott spricht aus dem Dornbusch direkt zu Mose. Das fehlt irgendwie noch.“ Deine Stimme klang angespannt.
Ich dachte nach.
„Mal doch in den Busch eine goldene Spur“, sagte ich, „eine schmale, goldene Spur. So eine Art Geheimnis.“
Ich weiß noch, dass du langsam nicktest, als ob du diesen Faden im Geiste auf dem Dornbusch sehen würdest.
Du nahmst eine Tube und drücktest goldene Farbe auf ein weißes Plastikschälchen. Dann nahmst du einen feinen Pinsel, tauchtest ihn in die Farbe und nähertest dich der Staffelei. Behutsam maltest du eine schmale Spur mitten auf den schwarzroten Busch, eine filigrane, lichte Spur. Deine Hand zitterte.
Ich ging zurück zum Haus. Abendkühle durchströmte den alten Garten. Unter meinen Schritten knirschten kleine Steine. In der Küche legte ich das Besteck neben unsere Teller. Wenig später hörte ich, wie du

durch die Gartentür ins Haus kamst. Du setztest dich an den Küchentisch. Wir aßen schweigend.
„Darum geht es“, sagtest du nach einer Weile, „Gottes Unmittelbarkeit immer wieder neu zu zeigen.“
Du trankst Tee aus einer blauen Flohmarkttasse.
„Gottes Bezug zu uns Menschen, das Unberechenbare, das Numinose, das uns staunen lässt.“
Das Telefon klingelte. Jemand sprach von einer Meinungsumfrage zu Hörgewohnheiten der Rundfunkprogramme. Ich sagte, dass ich keine Zeit zum Antworten hätte, und drückte auf die Austaste.
„Diese ungeheuer intensive Beziehung Gottes zu uns Menschen ereignet sich meist völlig überraschend“, sagtest du. „Komm, wir gehen noch mal ins Atelier.“ Du nahmst meine Hand.
„Jetzt?“, fragte ich.
„Ja, jetzt sofort“, antwortetest du.
Zwei Jahre später stehe ich am Weihnachtsabend im alten Garten vor deinem Atelier.
Hinter den Drahtglasscheiben ist es dunkel und leer.
Seit deinem Tod bewahre ich den schwarzroten Dornbusch mit der goldenen Spur und deine anderen Gemälde im Bilderkeller unten im Haus auf. Ab und zu schalte ich dort einen Apparat an, der surrend die Luftfeuchtigkeit des Kellers aufnimmt.

Anschließend kippe ich das aufgefangene Wasser in ein kleines Keramikbecken mit Rissen.
Der alte Garten ist in fahles Mondlicht getaucht.
Auf den Ästen der Bäume lastet Schnee wie dicke, weiße Ärmel.
In den Beeten stehen deine Steinfiguren.
Mein Herz klopft hungrig. Es ist alles wie immer, doch ohne dich.
Ich schließe die Augen. Leichter Wind streicht durch mein Haar, durch meine Erinnerungen.
Sonst ist es still.
Nach einer Weile öffne ich die Augen, sehe in den dunkelblauen Nachthimmel. Die Wolkendecken haben sich verzogen und geben den Blick auf glitzernde Sterne frei.
„Weißt du noch", sage ich zu dir, „wie wir mit den Kindern die Nachtwanderung gemacht haben? Und wie Jens seine Mütze verlor?" Keine Antwort.
Ich bücke mich, greife in den Schnee und rolle eine kleine Kugel. Eine kleine, eiskalte Schneekugel.
Als ich mich aufrichte, entdecke ich den hellen Stern unmittelbar über unserem Haus. Er ist aufgegangen und über dem Dach stehengeblieben, funkelt in goldenem Glanz. Ich kann meine staunenden Augen nicht von ihm wenden.
Auf einmal erfüllt mich tiefer Weihnachtsfrieden. Er

liebkost meine Einsamkeit und meinen Schmerz. Er wiegt mich wie ein verlorenes Kind.
Wolkendecken schieben heran, verhüllen den Stern, verhüllen das Licht.
Ich wende mich um und gehe langsam ins Haus zurück. Verwundert und verwandelt.
Und der alte Garten, der Mitwisser, knirscht leis mit Schneekristall, hüllt sich ins Weihnachtsgeheimnis.

Weinachten –
mehr als ein Geschenk

Das Geschenk

Erich Kästner

Der 24. Dezember begann im Johann Sigismund-Gymnasium mit einem Höllenspektakel. Die Jungen rasten wie die Wilden die Treppen hinauf und herunter. Der eine hatte seine Zahnbürste aus Versehen im Waschsaal liegenlassen. Der andere suchte den Kofferschlüssel wie eine Stecknadel. Der dritte hatte vergessen, die Schlittschuhe einzupacken. Der vierte holte Verstärkung, weil der Koffer zu voll war und nur schloss, wenn sich mindestens drei Mann daraufsetzten.

Die Primaner taten zwar, als ob sie es bei Weitem weniger eilig hätten. Aber wenn sie niemand beobachtete, rasten sie ganz genau wie die Kleineren durch die Korridore.

Gegen zehn Uhr früh war die Schule schon halb leer. Die anderen, die später fuhren, machten zwar noch genügend Radau. Aber der Kenner spürte doch schon, dass die Auswanderung begonnen hatte.

Mittags zog dann der nächste Trupp durchs weitgeöffnete Tor. Die Mützen saßen schief auf den Köpfen. Die schweren Koffer schleppten sie im Schnee.

Matthias kam ein paar Minuten danach hinterhergestolpert. Er hatte sich bei Uli verspätet. Johnny stand am Tor und gab ihm die Hand.
„Pass gut auf den Kleinen auf!“, sagte Matthias. „Ich werde ihm öfters schreiben. Und lass dir’s gutgehen!“
„Gleichfalls“, meinte Johnny Trotz. „Ich passe schon auf. Aber nimm die Beine untern Arm. Sebastian ist bereits vorausgegangen.“
„Man hat’s schwer“, stöhnte Matz. „Zum Bäcker Scherf muss ich auch noch. Sonst verhungere ich im Zug. Und das kann ich meinen alten Herrschaften doch nicht antun. Hör mal, Dichterfürst, wo ist denn eigentlich Martin Thaler, auch das Dreimarkstück genannt? Ich wollte mich nämlich von ihm verabschieden. Aber ich finde ihn nirgends. Und ohne ihn ist das unmöglich. Na, grüß ihn bestens. Und er soll mir einen Kartengruß zukommen lassen, damit ich weiß, mit welchem Zug er in unser Bildungsinstitut zurückfährt.“
„Schon gut“, sagte Johnny. „Ich werde es ausrichten. Nun halte aber den Mund und mach, dass du fortkommst!“
Matz hob den Koffer auf die linke Schulter, rief: „Mensch, ich krieg ’nen Punchingball!“, und zog wie ein studierter Gepäckträger davon.

Der Bahnhof wimmelte von Gymnasiasten. Die einen wollten nach dem Norden fahren, die anderen nach Osten. Die zwei Züge, auf die man wartete, passierten Kirchberg kurz hintereinander.
Die Primaner spazierten mit ihren Tanzstundendamen die Bahnsteige entlang und plauderten weltmännisch. Man überreichte einander Blumen und Lebkuchen. Der schöne Theodor erhielt von seiner Tangopartnerin, einem gewissen Fräulein Matwine Schneidig, ein Zigarettenetui, das beinahe echt war. Er zeigte es stolz den anderen Primanern. Sie wurden hellgelb vor Neid.
Sebastian, der in der Nähe stand und einen Haufen Unterklassianer um sich versammelt hatte, riss auf Kosten der Primaner Witze und hatte großen Heiterkeitserfolg.
Endlich kam auch Matthias an. Er setzte sich auf seinen Koffer und aß sechs Stück Kuchen. Anschließend lief der erste der beiden Züge ein. Die Gymnasiasten, die nach Norden reisten, erstürmten ihn wie eine feindliche Festung. Dann schauten sie aus den Abteilfenstern und unterhielten sich so laut wie möglich mit denen, die noch warten mussten. Ein Sekundaner streckte eine Tafel aus dem Zug. Auf der Tafel stand: „Parole Heimat!“ Ein Sextaner kletterte heulend wieder aus dem Zug heraus. Der kleine

Trottel hatte seinen Koffer auf dem Bahnsteig stehen lassen. Er fand ihn aber und kam noch zurecht.
Als der Zug abfuhr, schwenkten alle die Mützen. Und die Tanzstundendamen winkten mit ihren winzigen Taschentüchern. Man rief: „Frohe Weihnachten!“ Andere brüllten: „Prost Neujahr!“ Und Sebastian schrie: „Fröhliche Ostern!“ Dann fuhr der Zug aus der Halle.
Es ging auch weiterhin außerordentlich fidel zu. Und außer dem Stationsvorsteher waren alle guter Laune. Er atmete erst auf, als auch der zweite Zug hinausschnaufte und als weit und breit kein Gymnasiast mehr zu sehen war. Von seinem Standpunkt aus hatte er ja recht.
Das Schulhaus war wie ausgestorben. Das Dutzend Schüler, das erst am Nachmittag fuhr, spürte man überhaupt nicht.
Da zog der Justus seinen Wintermantel an und ging in den stillen weißen Park hinunter. Die Gartenwege waren zugeschneit. Unberührt lagen sie da. Verschwunden waren Lärm und Gelächter. Justus Bökh blieb stehen und lauschte dem raschelnden Schnee, den der Wind von den Zweigen pustete. Na also, die große Ruhe und die große Einsamkeit konnten beginnen!
Als er in einen Seitenweg einbog, bemerkte er Fußstapfen. Es waren die Abdrücke von einem Paar

Knabenschuhen. Wer lief denn jetzt allein im Park umher?
Er folgte den Spuren. Sie führten zu der Kegelbahn hinunter. Der Justus schlich auf den Zehenspitzen durch den Schnee, an der Schmalseite des Schuppens entlang, und blickte vorsichtig um die Ecke.
Auf der Brüstung saß ein Junge. Er hatte den Kopf an einen der hölzernen Pfeiler gelehnt und starrte zu dem Himmel hinauf, über den die schweren Schneewolken hinzogen. „Hallo!", rief der Justus.
Der Junge zuckte zusammen und drehte sich erschrocken um. Es war Martin Thaler. Er sprang von der Brüstung herunter.
Der Lehrer ging näher. „Was machst du denn hier unten?"
„Ich wollte allein sein", meinte der Junge.
„Dann entschuldige die Störung", sagte der Justus. „Aber es trifft sich ganz gut, dass ich dir begegne. Warum hast du denn gestern früh so saumäßig schlecht gelesen, hm?"
„Ich dachte an etwas anderes", antwortete Martin betreten.
„Hältst du das für eine passende Entschuldigung, wie? Und warum hast du gestern Abend so miserabel Theater gespielt? Und warum hast du gestern und heute im Speisesaal fast nichts gegessen?"

„Da hab ich auch an etwas anderes denken müssen, Herr Doktor“, erwiderte Martin und schämte sich in Grund und Boden.
„So. Woran musstest du denn denken? An Weihnachten?“
„Jawohl, Her Doktor.“
„Na, besonders drauf zu freuen scheinst du dich ja nicht.“
„Nein, nicht besonders, Herr Doktor.“
„Wann fährst du denn heim? Mit dem Nachmittagszug?“ Da liefen dem Primus der Tertia zwei große Tränen aus den Augen. Und dann noch zwei Tränen. Aber er biss die Zähne zusammen, und da kamen keine Tränen weiter. Schließlich sagte er: „Ich fahre gar nicht nach Hause, Herr Doktor.“
„Nanu“, meinte der Justus. „Du bleibst während der Ferien in der Schule?“
Martin nickte und wischte mit dem Handrücken die vier Tränen fort.
„Wollen denn deine Eltern nicht, dass du kommst?“
„Doch, Herr Doktor, meine Eltern wollen.“
„Und du? Willst du denn nicht?“
„Doch. Ich will auch, Herr Doktor.“
„Na, zum Donnerwetter noch einmal!“, rief der Justus. „Was soll das denn heißen? Sie wollen! Du willst! Und trotzdem bleibst du hier? Woran liegt das denn?“

„Das möchte ich lieber nicht sagen, Herr Doktor“, meinte Martin. „Darf ich jetzt gehen?“ Er drehte sich um und wollte fortlaufen.
Aber der Lehrer hielt ihn fest. „Moment, mein Sohn!“, sagte er. Dann beugte er sich zu dem Jungen hinab und fragte ihn sehr leise, als dürften es nicht einmal die Bäume hören: „Hast du etwa kein Fahrgeld?“ Da war es mit Martins tapferer Haltung endgültig vorbei. Er nickte. Dann legte er den Kopf auf die schneebedeckte Brüstung der Kegelbahn und weinte zum Gotterbarmen. Der Kummer packte den Jungen im Genick und schüttelte und rüttelte ihn hin und her.
Der Justus stand erschrocken daneben. Er wartete eine Weile. Er wusste, dass man mit dem Trösten nicht zu früh beginnen darf. Dann nahm er sein Taschentuch, zog den Jungen zu sich heran und wischte ihm das Gesicht ab. „Na, na“, sagte er. „Na, na.“ Er war selber ein bisschen mitgenommen. Er musste ein paar Mal energisch husten. Dann fragte er: „Was kostet denn der Spaß?“
„Acht Mark.“
Der Justus holte seine Brieftasche heraus, nahm einen Geldschein und sagte: „So, da hast du zwanzig Mark. Das reicht für die Heimfahrt und für die Rückreise.“

Martin starrte entgeistert auf die Banknote. Dann schüttelte er den Kopf. „Nein, das geht nicht, Herr Doktor."

Der Justus steckte ihm den Schein in die Jacketttasche und meinte: „Willst du gleich folgen, du Lümmel?"

„Ich habe aber selber noch fünf Mark", murmelte Martin.

„Ja, willst du denn deinen Eltern nichts schenken?"

„Doch, sehr gern. Aber …"

„Siehst du wohl!", sagte der Hauslehrer.

Martin rang mit sich. „Vielen, vielen Dank, Herr Doktor. Aber ich weiß nicht, wann Ihnen meine Eltern das Geld zurückzahlen können. Mein Vater hat nämlich keine Stellung. Hoffentlich finde ich Ostern einen Sextaner, dem ich Nachhilfe geben kann. Hat es solange Zeit?"

„Willst du gleich den Mund halten?", sagte Doktor Bökh streng. „Wenn ich dir am Heiligen Abend das Reisegeld schenke, dürft ihr mir's gar nicht wiedergeben! Das wäre ja noch schöner!"

Martin Thaler stand neben seinem Lehrer und wusste nicht, was er tun und wie er sich bedanken sollte. Endlich griff er zaghaft nach der Hand des Mannes und drückte sie leise.

„Na, nun pack aber deinen Koffer!“, sagte der Justus. „und grüße deine Eltern schön von mir. Vor allem deine Mutter. Die kenne ich ja schon.“
Der Junge nickte. Dann erwiderte er: „Und grüßen Sie, bitte, auch Ihre Mutter vielmals!“
„Das wird leider nicht möglich sein“, meinte Doktor Bökh. „Meine Mutter ist seit sechs Jahren tot.“
Martin machte eine Bewegung. Es sah fast aus, als wolle er seinem Lehrer um den Hals fallen. Er tat es natürlich nicht, sondern trat respektvoll zurück und blickte den Justus lange und treuherzig an.
„Schon gut“, sagte Doktor Bökh. „Ihr habt mir ja den Nichtraucher beschert. Mit dem werde ich heute Abend Weihnachten feiern. Drüben in seiner Eisenbahnvilla. Und um Uli und dessen Eltern und um Johnny Trotz muss ich mich auch ein bisschen kümmern. Du siehst, sehr viel Zeit zum Einsamsein werde ich gar nicht haben.“ Dann klopfte er dem Jungen auf die Schulter und nickte freundlich: „Glückliche Reise, Martin!“
„Und nochmals vielen Dank“, sagte der Junge leise. Dann drehte er sich um und rannte davon.

Ungewöhnliche Leute vor der Krippe

HELMUT THIELICKE

Auf dem Bücherbord gegenüber meinem Schreibtisch steht fast jedes Jahr, wenn es Weihnachten wird, ein kleines Foto, das mir besonders lieb ist. Ich habe es so aufgestellt, dass während der Arbeit mein Blick hin und wieder darauf fällt. Es hat gar keinen Kunstwert. Irgendjemand hat nur die Szene eines weihnachtlichen Krippenspieles geknipst. Auch der Aufbau dieser Szene zeigt keineswegs das, was man großes Theater nennt. Man sieht eine größere Schar meist jüngerer Männer in langen weißen Gewändern und mit Kerzen in der Hand auf einen Altar zuschreiten. Auf diesem Altar, ganz offensichtlich ein Produkt der Gründerzeit und also in ästhetischer Hinsicht keineswegs erbaulich, stehen, knien und liegen vier Männer, die der herannahenden Schar mit höchstem Erschrecken entgegensehen: Der eine hält die Hand vor die Augen, als ob er geblendet wäre, ein anderer scheint in Deckung zu gehen, und ein Dritter macht eine Geste der Ka-

pitulation. Es ist ganz klar, was hier gemeint ist: Die weiß gekleideten Gestalten sind die himmlischen Chöre der Engel, und die vier Männer auf dem Altar sind die verwetterten und erschreckten Hirten.
Manchmal greift einer meiner Freunde, wenn er mich besucht, nach dem Bild und fragt ein wenig erstaunt: „Warum hast du gerade das hier stehen?“ Meist sieht er ein bisschen hilflos aus, wenn er so fragt, denn der Takt verbietet ihm, noch hinzuzufügen: „Und dazu noch ein so gewöhnliches Bild – ein Bild ohne jeden Kunstverstand!“
In solchen Fällen lasse ich meine Besucher gern etwas raten und frage sie: „Ja, was meinen Sie denn wohl, wer diese Leute hier sind?“ Es ist dann sehr eigenartig, wie fast alle die gleiche Antwort geben. Sie sagen nämlich: Ja – wer das wohl ist? Jedenfalls fällt einem der gesammelte, der geradezu ergriffene Gesichtsausdruck der Darsteller auf. Sie sind offenbar ganz „dabei“, und es ist für sie sicher sehr viel mehr als bloßes Spiel. Wahrscheinlich sind es wohl Leute aus einer christlichen Gemeinde, vielleicht ein Kerntrupp dieser Gemeinde. Einer meint sogar, es sei womöglich eine Diakonenschule oder so was Ähnliches.
Ich kann es dann manchmal kaum erwarten, bis ich das Ratespiel beenden und ihnen reinen Wein

einschenken kann. – „Sie haben gründlich vorbeigeschossen“, sage ich ihnen dann. „Aber ich verstehe, wie Sie zu Ihrer Vermutung kamen. Die Leute sind wirklich dem Weihnachtswunder nahe und haben es in ihr Herz geschlossen. Sie spielen ihre Andacht keineswegs, sondern sie sind wirklich ‚dabei‘. Aber es ist kein christlicher Männerverein und auch keine Diakonenschule. Es ist die Aufnahme von einer Weihnachtsfeier in der Vollzugsanstalt B. Ich habe da vor einiger Zeit mal zu den Gefangenen gesprochen und sie in ihren Zellen besucht. Sie hörten zu – nun, ich kann nur sagen: wie Verdurstende. Der Gefangenen-Pfarrer schenkte mir dann dieses Bild. Ich kann mich nicht mehr davon trennen. ‚Sehn Sie diesen Jungen hier‘, sagte mir damals der Pfarrer, ‚der hat um einer Armbanduhr willen im Streit seinen Freund erschlagen.‘ Dem ist nun schon Jahr für Jahr immer die gleiche Szene anvertraut. Er kniet vor der Krippe und sagt: ‚Ich lag in tiefster Todesnacht, du warest meine Sonne.‘ Ich sage Ihnen: Wenn Sie das aus diesem Munde hören, geht es Ihnen durch und durch.“

Warum ist mir dieses Bild so nahegegangen, und warum geht es meinen Besuchern auch nahe? Ich frage mich durchaus selbstkritisch, ob sich in dem, was mich da beeindruckt, nicht eine gewisse Anfälligkeit für Sentimentalität und Kitsch melden könnte. Der Schimmer der weihnachtlichen Kerzen und das milde Fest der Liebe in Kontrast zu Mördern und Gewaltverbrechern, die hier als Engel maskiert sind, diese Melodramatik könnte Courths-Mahler näher stehen als dem Evangelisten Lukas.

Aber ich fürchte: Mit dieser snobistischen Deutung würde ich nur von mir abtun wollen, was mich in einer viel tieferen Schicht meines Ichs angerührt, was mich nämlich ins Herz (und keineswegs nur ins Nervensystem!) getroffen hat. Denn das Wunder, das auf diesem Bilde festgehalten wurde, ist doch dies: Hier wandern Menschen aus einer sehr düsteren Vergangenheit auf die Krippe zu, und das Weihnachtslicht trifft ihr verpfuschtes Leben. Indem es sie aber so trifft, leuchten sie davon auf. Denn obwohl sie aus verschlossenen Zellen kommen und nachher hinter Schloss und Riegel zurückkehren, dürfen sie nun unter dem geöffneten, unter dem „entriegelten" Himmel stehen. Von einigen unter ihnen habe ich erfahren, dass sie, wie der verlorene Sohn am Schweinetrog, kehrtgemacht, dass sie dies segnende Licht zu glauben gelernt haben und unter ihm neue Menschen geworden sind. Sie spielen nun nicht mehr, sondern es ist ihnen ernst. Sie sagen auch keine eingetrichterten Versehen auf, sondern sie bekennen. Und wenn der eine sagt: „Ich lag in tiefster Todesnacht, du warest meine Sonne“, dann ist es ein Wunder.

Vielleicht denkt jetzt der eine oder andere Leser: Eigentlich ist es ein harter Brocken, den er uns da zumutet. Sicher sollen die Kriminellen auch ihre Seelsorge und meinetwegen auch ihre Weihnachtsfeier haben, damit sie in sich gehen. Aber mich als seriösen Bundesbürger mit denen auf eine Stufe zu stellen, das heißt denn doch, das Christliche zu überstrapazieren!

Es wäre in der Tat falsch und auch gar nicht im Sinne des Weihnachtsevangeliums, wenn man alle Unterschiede zwischen Begabten und Dummen, Tüchtigen und Versagern, Redlichen und Spitzbuben einebnen wollte. Es geht hier um etwas ganz anderes, und ich will es in zwei verschiedenen Gedanken auszudrücken versuchen:

Es geht *einmal* darum, dass Gott an Weihnachten zu uns in die Tiefe kommt. Ich muss nicht erst religiöse Gefühle aufbringen und es innerlich und äußerlich zu etwas gebracht haben, damit er zu mir kommt. Er kommt in den Stall, zu den Trostlosen, Kranken und Verzweifelten, er wandert mit in den Flüchtlingstrecks, und wenn in meiner letzten Stunde einmal alle und alles mich verlässt, dann kann ich sagen:

„Wenn ich einmal soll scheiden, so scheide nicht von mir." Denn auch in das dunkle Tal des Todes ist er gekommen. Krippe und Kreuz sind aus demselben Holz.

Und dann noch das *Zweite*: Irgendwo in seinem Leben ist jeder von uns arm. Vielleicht sieht man das nach außen nicht. Denn wir Menschen wissen sehr wenig voneinander. Vielleicht sorge ich mich oder habe eine Schuld auf mich geladen oder bin krank oder bin von verzehrenden Wünschen gepeitscht, die nie in Erfüllung gehen. Die Gefangenen auf dem Bild stellen diese eine Seite in mir dar. Was bei mir ein verborgenes Dunkel ist, das ist bei ihnen zum Ausbruch gekommen. Aus diesem Dunkel war kein Licht herauszuholen. Hier waren nur Finsternisse, Labyrinthe und ausweglose Sackgassen. Aber nun steht der Widerschein eines *anderen* Lichtes auf ihren Stirnen. Längst, ehe sie zu fragen begannen, ob es für sie noch Sinn und Hoffnung gebe, war schon jemand zu ihnen unterwegs. Weihnachten sagt uns: Gott holt uns ab, ganz gleich, wo wir stehen. Und wenn alles zu Ende zu sein scheint, beginnen erst die Möglichkeiten Gottes.

Darum wird Weihnachten am ehesten von denen verstanden, die keine menschliche Hoffnung mehr haben. Man braucht nur die Kummerspalten der

Presse zu lesen, um zu wissen, wie viele das sind. Selbst wenn sie sich von Gott verlassen fühlen, wenn er längst von einem bodenlosen Nichts verdrängt zu sein scheint, können sie noch mit einem letzten Gedanken begreifen, dass hier jemand ist, der für sie da sein wollte und der die Solidarität mit ihnen nicht verschmähte.

In James Baldwins Roman „Eine andere Welt“ kommt das in einer weltlichen, fast allzu weltlichen Weise und obendrein in einem Stil zum Ausdruck, der bei christlichen Ansprachen bestimmt nicht üblich ist: Der junge Neger Rufus hat ein verpfuschtes Leben voller Irrungen und Wirrungen hinter sich. Was er als Kind geglaubt und was ihn lange zuvor in väterliche Geborgenheit gehüllt hatte, ist längst für ihn verschwunden und unreal geworden. Nun steht er auf einer Brücke bei New York in eisiger Kälte und wird im nächsten Augenblick seinen Todessprung tun. Da schaut er noch einmal zum Himmel auf (den es doch gar nicht mehr gibt!), und in wilder Verzweiflung bricht der Fluch aus ihm heraus auf alles, was ihm einmal Bergung schenkte und nun für ihn verloren ist: „Du Lump“, dachte er, „du kotzdreckiger, bin ich nicht auch dein Kind?“ Und dann, als er gesprungen war und durch die Luft sauste: „Mag's denn sein, du kotzdreckiger, gottallmächtiger Lump, ich komme zu dir.“

Lassen wir das Schaudern ruhig einmal über unsere Haut kriechen, wenn wir diese Ungeheuerlichkeiten hören. Aber dann sollten wir die Frage stellen: Hätte er sich und Gott so verfluchen, ihn gleichzeitig aber mit „Du“ anreden und ihm seine Ankunft ankündigen können, wenn ihn nicht das Geheimnis von Weihnachten angerührt hätte? – Jenes Geheimnis, das ihn wissen ließ: Ich klebe im Schlamm meiner Verpfuschtheit fest, ich fühle keinen Himmel mehr. Es gibt aber einen, der nicht im Himmel geblieben, sondern zu mir in diesen Schlamm gekommen ist. Darum wird er aus meinem verruchten Gebrüll noch die Stimme des Kindes heraushören, das Heimweh nach ihm hat. Wo kein Mensch ist und zuhört, da wird er zur Stelle sein und mich empfangen.

Vielleicht muss man einmal das Weihnachtsfest so verfremden, um inmitten des Breis von Sentimentalität und Zuckerguss die harte Substanz zu finden, die es enthält. Denn sein Sinn ist nicht die Vernebelung des Gemüts, sondern der Trost des Herzens, das sich verloren weiß.

Das Wunder von Striegeldorf

Siegfried Lenz

Vieles hat sich unter Weihnachten in Masuren ereignet, weniges aber kommt an Merkwürdigkeit jenem Vorfall gleich, den mein Großonkel, ein sonderbarer Mensch mit Namen Matuschitz, auslöste. Ich möchte davon erzählen, auf jede Gefahr hin.

Heinrich Matuschitz, ein fingerfertiger Besenbinder, hatte sich an einem fremden Motorrad vergangen und war für wert befunden, einzusitzen für ein halbes Jahr. Er saß zusammen mit einem finsteren Menschen namens Mulz, der ein alter Forstgehilfe war und dem die Wilddiebe, hole sie der Teufel, zwei Frauen nacheinander von der ehelichen Seite fortgefrevelt hatten, woraufhin Otto Mulz, in gewalttätigem Kummer, den ganzen Striegeldorfer Forst anzündete.

Gut. Die Herren leisteten sich rechtschaffen Gesellschaft in ihrer Zelle, beobachteten die berühmten Striegeldorfer Sonnenuntergänge, plauderten aus ihrem Leben, und derweil taten Wochen und Monate das, wovon sie, scheint's, niemand abbringen kann; sie strichen ins Land. Rückten vor, diese Monate, bis zum Dezember, brachten Schnee mit, brachten Frost, bewirkten, dass das schmucklose Gefängnis geheizt wurde, taten so, was man von ihnen erwartet. Insbesondere aber brachten sie näher gewisse Termine, und mit den niederen Terminen auch den Obertermin sozusagen: den Heiligen Abend nämlich.

Nun fällt es einem Masuren schon schwer genug, auf die Annehmlichkeiten der Freiheit im Allgemeinen zu verzichten, furchtbar aber wird es, wenn man ihn zu solchem Verzicht auch am Heiligen Abend zwingt. Demgemäß wandte sich Heinrich Matuschitz, mein Großonkelchen, an seinen Zellenbruder, sprach ungefähr so: „Der Schnee, Otto Mulz", so sprach er, „kündigt liebliches Ereignis an. Nimmt man den Frost noch hinzu und das Gefühl im Innern, so muss der Heilige Abend nicht weit sein. Habe ich richtig gesprochen?"

„Richtig", sagte der alte Forstgehilfe.

„Also", stellte mein Großonkelchen befriedigt fest. Dann starrte er hinaus in den wirbelnden Flockenfall, sann, während er sich am Gitter festhielt, ein Weilchen nach, und nachdem ein neuer Gedanke ersonnen war, sprach er folgendermaßen:

„Das Ereignis“, so sprach er, „das liebliche, es steht bevor. Jedes Wesen in Striegeldorf und Umgebung ist angehalten, sich zu freuen. Die Menschen sind angehalten, die Hasen, die Eichhörnchen, und schon gar nicht zu reden von den Kindern. Nur wir, Otto Mulz, sollen gebracht werden um unsere Freude. Weil sich aber jedes Wesen zu freuen hat an diesem Termin, müssen wir ersinnen einen Ausweg.“

„Man will uns“, sagte der alte Forstgehilfe, „die Freude stehlen.“

„Eben“, sagte Heinrich Matuschitz, mein Großonkelchen. „Aber wir werden uns, bevor es dazu kommt, die Freude besorgen, und zwar da, wo sie allein zu finden ist: in der Freiheit. Wir werden uns zum Heiligen Abend beurlauben.“

„Das ist, wie die Dinge liegen, gut gesagt“, sprach Mulz. „Nur wird der alte Schneppat uns nicht bewilligen solchen Urlaub zur Freude. Unter den Aufsehern, die ich kenne, ist Schneppat der schlimmste. Man wird uns, schlickerdischlacker, gleich wieder schnappen, zumal durch meine persönliche Feuersbrunst verloren gegangen sind die schönsten Verstecke im Walde.“ Bei diesen Worten wies er mit ordentlicher Bekümmerung auf die traurigen Baumstümpfe, die vom Striegeldorfer Forst nachgeblieben waren. Das Großonkelchen indes gnidderte, das

heißt lachte versteckt, legte dem Otto Mulz einen Arm um die Schulter, winkte sich sein Ohr ganz nahe heran und sprach:
„Uns wird", so sprach er, „überhaupt niemand vermissen, kein Schneppat und niemand. Denn wir werden zurücklassen unser Ebenbild. Wir werden hier sein und nicht hier."
Was Otto Mulz dazu brachte, mein Großonkelchen zuerst erstaunt, dann misstrauisch und schließlich mitfühlend anzusehen und nach einer Weile zu sagen: „Manch einen, Heinrich Matuschitz, hat große Freude schon blöde gemacht. Denn erkläre mir, bitte schön, wie ein Mensch gleichzeitig sein kann bei dem lieblichen Ereignis in der Freiheit und hier in der Zelle."
Obwohl diese Worte, man wird es zugeben, nicht unbedingt höflich waren, verlor das Großonkelchen weder Faden noch Geduld, sondern begann mit listigem Lächeln zu flüstern, und zwar flüsterte er dermaßen vorsichtig, dass nicht einmal etwas für diese Erzählung erlauscht werden konnte. Sicher ist nur, dass er dabei den Otto Mulz – sei es überredete, sei es überflüsterte, denn das finstere Gesicht des alten Forstgehilfen hellte sich auf, spiegelte Teilnahme, spiegelte Begeisterung, und zuletzt spiegelt es – na sagen wir: Verklärung.
Und dann begab sich folgendes: Heinrich Matu-

schitz, mein Großonkelchen, aß kein Brot mehr – ebensowenig aß es sein Zellenbruder; jede Ration wurde unter dem Bett versteckt, wurde gestreichelt und gehütet, während das liebliche Ereignis unaufhaltsam heraufzog.

Die einsitzenden Herren wurden, je näher das Ereignis kam, unruhiger, gespannter und flattriger, man plauderte nicht mehr aus dem Leben, fand keine Zeit zu müßiger Beobachtung; alles an ihnen war nur noch eingestellt in Richtung auf das Kommende und auf das, was zwischen ihnen geflüstert war.

Und eines Morgens, nachdem der Frost sie muntergekniffen hatte, erhob sich Heinrich Matuschitz und gab preis, was er so sorgfältig auch vor uns verborgen gehalten hatte; fingerfertig, wie mein Großonkelchen war, zog er das gesparte Brot unter dem Bett hervor, benetzte es auskömmlich und begann, weiß der Kuckuck, aus dem weichen Brot den Kopf des alten Forstgehilfen zu kneten. Walkte und knetete mit einem Geschick, dass sich dem Otto Mulz die Sprache versagte, zog eine Nase aus, das Großonkelchen, klatschte eine Stirn zurecht, schnitt zwei Lippen in den Teig und alles haargenau nach dem Original des Forstgehilfen. Lachte dabei und sprach: „Der wird“, sprach er, „Otto Mulz, genau wie du. Hoffentlich steckt er nur keinen Forst an.“

„Mir wird es“, sprach Mulz, „unheimlich zumute. Obwohl ich weiß, Heinrich Matuschitz, dass du manches kannst schnitzen mit deinem Messer, wusste ich doch nicht, dass du einen Striegeldorfer formen kannst nach seinem Ebenbild.“
Dann sah er atemlos zu, wie Ohr und Kinn entstanden, und zuletzt hielt er zitternd still, als ihm das Großonkelchen ein paar Haare absäbelte und sie an den Brotkopf klebte.
„Pschakret“, sagte der Forstgehilfe, „wenn ich schon früher so doppelt gewesen wäre, dann hätte einer von mir zu Hause bleiben können: die Wilddiebe hätten sich nicht rangetraut, die Frau wär mir geblieben, ich hätte den Forst nicht angezündet und brauchte hier nicht zu sitzen. Wenn ich, pschakret, das alles gewusst hätte.“
Nachdem der Kopf des Forstgehilfen fertig war, fabrizierte mein Großonkelchen sich selbst, und weil das Brot nicht reichte, nahm er zur Ausbildung des Hinterkopfes einige Pfefferkuchen, die ihnen, da das liebliche Ereignis unmittelbar bevorstand, hereingeschoben worden waren.
Kaum war er fertig damit, als die Klappe in der Tür fiel und Schneppat, der kurzatmige Aufseher, hereinschaute zum Zweck der Kontrolle. Er schaute wichtigtuerisch, dieser Mensch, und zum Schluss fragte

er in seiner höhnischen Besorgtheit: „Na“, fragte er, „was wünschen sich die Herren zum Heiligen Abend?“

„Schlummer“, sagte mein Großonkelchen prompt. „Wir möchten bitten das Gesetz um langen, ungestörten Festtagsschlummer.“

„Könnt ihr haben“, sagte Schneppat. „Aber da ich nicht hier bin, werd' ich es Baginski sagen, dem Aufseher aus Sybba. Er löst mich ab für zwei Tage. Wer schlummert, sündigt nicht.“ Damit ließ er die Klappe herunter und empfahl sich.

Seine Schritte waren noch nicht verklungen, als Heinrich Matuschitz die Brotköpfe hervorholte, sie auf die Pritsche legte, die Decken kunstgerecht hochzog und überhaupt einen unwiderlegbaren Eindruck hervorrief von zwei Herren im Festtagsschlummer.

Wehmütig standen sie vor ihren Ebenbildern, ergriffen sogar, und dann sagte das Großonkelchen zu seiner Büste:

„Ich grüße dich“, sagte er, „Heinrich Matuschitz auf der Pritsche. Gott segne deinen Schlummer.“

Etwas Ähnliches sprach auch der alte Forstgehilfe, und nachdem sie Abschied genommen hatten von sich selbst, hoben sie das Gitter ab und verschwanden durchs Fenster in Richtung auf das liebliche Ereignis.

Dies Ereignis: es wurde angesungen von den Zöglingen der Striegeldorfer Schule, wurde von Glöckchen verkündet, vom Geruch gebratener Gänse, und ehedem hatte sich an der Verkündung auch der Wind im Striegeldorfer Forst beteiligt.
Mein Großonkelchen und Otto Mulz, sie gingen mit sich zu Rate, wie sie das liebliche Ereignis ihrerseits am besten verkünden könnten, und nach schwerer Grübelarbeit beschlossen sie, es durch Gesang zu tun, mit den Zöglingen der Striegeldorfer Schule. Während des Gesanges schon wurden sie teilhaftig der Freude, obwohl die Oberlehrerin Klimschat, die das Singen befehligte, Mühe hatte, die Herren einzustimmen, bei jedem Mal, da sie die Stimmgabel anschlug, lauschte sie verwundert und sprach: „Mir kollert ein Tönchen nach dem anderen von der Gabel runter."
Na, aber da sie von mitfühlendem Wesen war, ließ sie die Herren singen, und nach dem Gesang gingen diese zu meinem Großonkelchen nach Hause, wo neue Freude bezogen wurde aus gebratenem Speck, aus geräuchertem Aal und, natürlich, aus dem lieblichen Schein der Talglichter. Bezogen so viel Freude, die Herren, dass sie in einen schönen Streit gerieten, was sie dazu bewegte, mit Ofenbänken aufeinander loszugehen, sich unvergessliche Schläge beizubrin-

gen und sich gegenseitig in die entferntesten Ecken zu schmeißen, wobei die Freude immer weiter stieg.
Als dem Otto Mulz eine Schulter ausgerenkt wurde, verfiel man wieder ins Singen, sang von dem lieblichen Ereignis, und nach abermaligem Essen suchten die Herren auf dem Fußboden nach einem Festtagstraum.
Träumten angenehm bis zum nächsten Tag, lächelten sich innig zu beim Erwachen und stellten fest, dass man nicht bestohlen worden war um rechtmäßige und zustehende Freude.
Und nach solchen Versicherungen beschlossen sie, zurückzukehren in das ansprechende, wenn auch schmucklose Gefängnis, um unnötige Schwierigkeiten zu vermeiden.
Machten sich also auf, die beiden, und gelangten alsbald zum Ort ihrer Bestimmung, der bewacht wurde von dem Aufseher Baginski aus Sybba. Dieser Mensch jedoch, wachsam wie er war, entdeckte die Herren, als sie in der Dämmerung durchs Fenster steigen wollten, rief sie drohend an und kommandierte:
„Der Unfugn“, befahl er, „hat an diesem Haus zu unterbleiben, zumal Weihnachten. Alle Personen zurück.“

Worauf mein Großonkelchen entgegnete: „Wir fordern nicht gerade, was recht, aber was billig ist. Wir gehören hierher. Wir sind, wenn ich so sagen darf, wohnberechtigt."
Baginski lugte durch das Fenster, äugte eine ganze Zeit hinein, und dann sprach er: „Die Betten, wie man sieht, sind besetzt. Die Herren schlummern. Da sie sich ausbedungen haben den Schlummer zum Festtag, hat jede Störung zu unterbleiben."
„Ein Irrtum", sagte Otto Mulz, dem die Kälte zuzusetzen begann. „Ein reiner Irrtum, Ludwig Baginski. Die Herren, die da schlummern, sind wir."
„Wir möchten", ließ sich mein Großonkel vernehmen, „die Schlafenden nur austauschen gegen uns."
Ludwig Baginski, der Aufseher, blickte düster, blickte zurechtweisend, schließlich sagte er:
„Meine Augen", sagte er, „sie sehen, was nötig ist. Und hier ist nötig Ruhe für zwei schlummernde Herren. Also möchte ich bitten um das, was gebraucht wird zur Erhaltung des Schlummers: nämlich Stille."
Stellte sich, weiß Gott, gleich ziemlich drohend auf, dieser Ludwig Baginski, und zwang die Herren, abzuziehen. Nun, sie zogen davon bis zu den Baumstümpfen des ehemaligen Striegeldorfer Forstes, stellten sich zusammen, und da sie diesmal keinen

Grund besaßen zu flüstern, vernahm man Otto Mulz folgendermaßen:
„Napoleon", so vernahm man ihn, „hatte es schwer auf seinem Weg nach Russland. Verglichen mit unserer Schwierigkeit, war seine ein Dreck."
„Man müsste", sagte Matuschitz, „etwas ersinnen."
„Mäuse", sagte der alte Forstgehilfe. „Wir werfen Mäuse in das Zellchen, sie werden unsere Köpfe wegknabbern, und wenn wir nicht mehr da schlummern, wird man uns wieder reinlassen, und wir können in Ruhe abbrummen die letzten Wochen."
„Auch die Mäuse, Otto Mulz, sind zu dieser Zeit angehalten zur Freude. Sie finden mehr als genug. Nein, wir müssen warten, bis Ludwig Baginski sich niederlegt zur Ruhe. Dann werden wir's noch einmal versuchen."
Und das taten die Herren. Sie warteten frierend im ehemaligen Striegeldorfer Forst, und als die Stunde gut war und günstig, schlichen sie zum Gefängnis, stiegen diesmal unbemerkt ein, und waren gerade dabei, sich auf den Pritschen auszustrecken, als die Klappe in der Tür fiel und der Aufseher Baginski argwöhnisch hereinsah.
Es durchfuhr ihn, er grapschte in die Luft und taumelte zurück. Als sich die Benommenheit legte, rannte er nach dem Schlüssel, rannte zurück und

schloss auf. Was er sah, waren zwei blinzelnde Herren auf ihren Pritschen.
Aber Baginski gab sich nicht zufrieden, respektierte keinen Schlummer und keinen Festtag, sagte stattdessen: „Meine Augen, die sehen, was zu sehen ist. Und sie haben in diesem Zellchen erblickt vier Herren statt zwei. Demnach möchte ich bitten um Aufschluss über die zwei anderen."
„Wir haben, wie gewünscht, angenehm geschlummert", sagte Mulz. „ Aber es waren vier, wie meine Augen gesehen haben."
Darauf sammelte sich mein Großonkelchen und sprach: „Wenn ich mich, Ludwig Baginski, nicht irre, geschehen zu diesem Termin Wunder auf der ganzen Welt. Warum, bitte sehr, sollte Striegeldorf verschont bleiben von solchen Wundern? Besser, es geschieht ein Wunder als gar keins. Habe ich richtig gesprochen, Otto Mulz?"
„Richtig", bestätigte der alte Forstgehilfe, und die Herren wickelten sich jeder in sein Deckchen und wünschten sich gute Nacht.

Die Bescherung

Hanns Dieter Hüsch

»Dass mir keiner ins Schlafzimmer kommt«, alle Jahre wieder ertönt dieser obligatorische Imperativ, wenn es darum geht, am Heiligen Abend Pakete und Päckchen in geschmackvolles Weihnachtspapier zu schlagen, wenn es darum geht, den Rest der Familie in Schach zu halten, damit auch ja keiner einen voreiligen Blick auf die Geschenke werfen kann.
Ich dagegen habe es etwas einfacher: Ich schmücke den Baum! Punkt 17 Uhr begebe ich mich auf die Terrasse und hole den schönen Baum herein. Es ist wirklich ein schöner Baum, sagt die Frieda. Doch, doch, sage ich, der Baum ist schön. Dann kommt die kleine Frieda und sagt auch noch, dass der Baum schön ist. Nachdem wir alle noch ein paar Mal um den schönen Baum herumgegangen sind, sagt die Frieda: Mein Gott, es ist schon halb sechs!
Und damit beginnt offiziell in allen Familien, die sich bei diesem Fest noch bürgerlicher Geheimnistuerei bedienen, der nervöse Teil der Bescherung.
Deshalb stecke ich mir vorbeugend zunächst mal eine

Zigarre an, einmal im Jahr, und überlege in aller Ruhe, welche formalen Prinzipien ich diesmal zur Ausschmückung meines schönen Baumes anwende. Habe ich dann den Baum nach einigen Schnitzereien endlich mit dem Sägemesser glücklich in den Christbaumständer gezwängt, weiß ich auch schon, wie ich's mache: Diesmal werde ich endlich dem Prinzip huldigen: Je schlichter, desto vornehmer. Zwei bis drei Kugeln, vier bis fünf Kerzen, hier und da einen Silberfaden, aus! Schluss. Ende. Schließlich ist das ja ein Baum und keine Hollywoodschaukel. Das soll natürlich nicht heißen, dass wir nicht genügend Kugeln und Kerzen, Lametta und Engelhaar, Glöckchen und Trompeten hätten. Im Gegenteil. Ich könnte damit drei Bäume, pardon, drei schöne Bäume schmücken. Und schon erhebt sich die Frage: Nur bunte Kugeln oder nur silberne Kugeln? Nur weiße Kerzen oder nur rote Kerzen? Engelhaar oder kein Engelhaar? Ja, was sollen meine intellektuellen Freunde denken, wenn die zu Besuch kommen und sehen dann meinen Misch-Masch aus Sentimentalität und Kunstgewerbe. Schockschwerenot!

In diese meine präzisen ästhetischen Überlegungen hinein platzt die Frieda mit dem Ruf: Wie weit bist du? Um sechs Uhr ist Bescherung! Das schaffe ich nicht, rufe ich zurück, ich kann ja den Baum nicht übers Knie brechen. Wir haben zu Hause, sagt die Frieda, immer um sechs Uhr die Bescherung gehabt. Wir haben die Bescherung, sage ich, immer um halb acht gehabt. Wir haben sie um sechs gehabt, sagt die Frieda. Um sechs Uhr schon Bescherung, sage ich, warum dann nicht gleich schon um vier Uhr oder schon im Oktober, wir haben die Bescherung immer um halb acht gehabt, manche Leute haben ja die Bescherung erst am anderen Morgen. Und wann sollen wir essen, fragt die Frieda. Nach der Bescherung, sage ich.

Also um neun Uhr, sagt die Frieda, bis dahin bin ich ja verhungert, wer hat übrigens das Marzipan, das hier auf der Truhe lag, gegessen? Ich nicht, ruft die kleine Frieda aus der Küche. Also, sagt die Frieda, also wenn du den Baum nicht in einer Viertelstunde fertig hast, dann könnt ihr euch eure ganze Bescherung sonst wo hinstecken.

Vielleicht fängt schon mal einer an zu singen, sage ich, desto leichter geht mir der Baum von der Hand. Und alle ästhetischen Überlegungen nun über den Haufen werfend, überschütte ich den schönen Baum mit allem, was wir haben, sodass man schließlich vor lauter Glanz und Gloria keinen Baum mehr sieht und die Frieda kommt wieder rein und sagt, nun hast du's ja doch wieder so gemacht wie im vorigen

Jahr, das nächste Mal schmücke ich den Baum. Ja, sage ich, wenn ihr mir keine Zeit lasst, kann natürlich kein Kunstwerk entstehen. Nun steh hier mal nicht im Weg, sagt die Frieda, und halte dumme Reden, geh jetzt hier mal raus, ich muss jetzt hier die Geschenke packen und aufbauen. Ja, wo soll ich denn hingehen, frage ich, darf ich vielleicht ins Wohnzimmer? Nein, ruft da meine Schwägerin, die inzwischen eingetrudelt ist, dass mir keiner ins Wohnzimmer kommt, ich bin noch nicht fertig. In die Küche darf ich auch nicht, da bastelt nämlich die kleine Frieda noch an diesen entzückenden Kringelschleifen für jedes Päckchen herum. Die Frieda kommt aus dem Christbaumzimmer und ruft: Augen zu!!! Ich halte mir die Augen zu und sage: Ins Bad nur über meine Leiche, da hab ich nämlich meine Geschenke versteckt. Und so geht das die ganze nächste halbe Stunde: Dreh dich mal um, guck nur nicht unter den Teppich, wer hat den Schlüssel vom Kleiderschrank, ich brauche noch geschmackvolles Weihnachtspapier, der Klebestreifen ist alle, willst du wohl von der Tür da weggehen, such lieber mal die Streichhölzer, meine Mutter hat das alles alleine gemacht, das ist gemein, du hast geguckt, die paar Minuten kannste wohl noch warten! Bis es dann endlich soweit ist, aber auch dann kommt keine

Ordnung zustande, dann heißt es: Wer packt zuerst aus? Du! Nein, ich doch nicht, zuerst das Kind, dann du. Nein, du dann. Wieso ich? Also dann du und dann ich. Ich zuletzt, bitte.
Nun werden Sie vielleicht mit Recht fragen, sagen Sie mal, wird denn bei Ihnen gar nicht gesungen, wird bei Ihnen nur eingepackt und ausgepackt. Doch, doch, natürlich, wir singen auch, erste Strophe und so, aber dann fällt's meistens auseinander, aber wissen Sie, beim Einpacken und Auspacken, da sind wir alle so nervös und verlegen, dabei merkt man die Liebe und den Frieden und den Menschen ein Wohlgefallen viel, viel stärker als beim Singen.
Und auch der Baum, der kann dann sein, wie er will, groß oder klein, dürr oder dicht, bunt oder schlicht, alle sagen dann jedes Mal: Also der Baum …, also der Baum …, der Baum ist wunderschön.

Lass doch dem Kind die Flasche

Wolfgang Fietkau

Schlaf man ruhig, sagte sie, so ein Spektakel haben wir lange nicht gehabt, ausgerechnet an Heiligabend. Du hast mir richtig leid getan. Aber schließlich hast du es dir selber eingebrockt. Jetzt schlaf man ruhig.

Der Kleine schluchzte noch immer. Seit einer halben Stunde hatte er sich nicht beruhigt. Manchmal, wenn ihn ein Schluchzer schüttelte, quietschte es sogar in den Streben der Metallbettstelle. Das schwesterliche Zureden schläferte ihn ein, aber in seinem Gesicht sah es noch nicht so friedlich aus wie sonst, wenn der Vierjährige schlief. Sie musste erst seine Faust öffnen, die er in ihr Nachthemd gekrampft hatte, als wollte er sich noch schlafend ihre Nähe sichern.

Sie schob den Schirm der Nachttischlampe in eine andere Richtung, damit das Licht nicht mehr auf den kleinen Schläfer, sondern auf ihre noch nicht ganz erwachsene Figur fiel. Sie betrachtete sich prüfend im Spiegel, von oben bis unten und wieder zurück, langsam, als überlege sie, ob und wo ihr diese halbwüchsige Person schon einmal begegnet wäre. Dann raffte sie mit der linken Hand das Nachthemd bis über die Knie. Sie drehte sich im Stand, stemmte die Hand in die Hüfte und betrachtete sich im Profil, das Kinn über der Schulter, setzte ein Bein vor, dann wieder zurück, sah an sich herauf, zog die Schulterblätter zusammen, lockerte sie wieder und suchte einen Lippenstift.

Ein tiefer Seufzer kam aus dem Bett des Jungen, mitten im Schlaf. Komisch, dachte sie, dass kleine Jungs so lange heulen. Dabei haben sie ihm gar nicht richtig was getan. Ich hab ja auch mal einen ganzen Weihnachtsabend verheult. Aber das war etwas anderes damals. Ich hatte Senge bezogen, bloß weil ich im falschen Augenblick ein Weihnachtslied gesungen habe. Horch nur, der Alte klopft draußen ans Tor, habe ich gesungen. Das kannte ich aus dem Radio. Es wäre ja auch weiter nichts dabei gewesen, wenn nicht Papa vor der Wohnungstür gestanden und einen Kugelschreiber für seinen Schlüssel gehalten hätte, als ich singend über den Korridor ging. Zweimal hatte er mit matter Faust an die Tür geschlagen, was, auf Ehre!, keiner von uns gehört hatte. Na, als er dann hereingeschaukelt kam, da hat es eben gebumst.

Sie war näher an den Spiegel getreten und zog sich die Lippen nach. Dabei musste sie sich bücken, denn in Kopfhöhe hatte der Spiegel eine blinde Stelle. Das Rot war nur ein wenig heller als bei den Fantasieblüten auf der fleckigen Tapete. Unter dem Kopfkissen zog sie einen bunten Lappen hervor, mit dem sie sich die Lippen betupfte. Schlaf man ruhig, sagte sie noch einmal zu ihm, knipste die Lampe aus und streckte sich unter die Decke auf dem ausgelegenen Sofa. Die feiern immer noch im Wohnzimmer, dachte sie. Sonst ist alles ruhig im Haus. Vorbei mit Heiligabend. War ja ganz ordentlich. Wenn bloß die Geschichte mit dem Jungen nicht passiert wäre. Der Abend fing ganz normal an. Onkel Max und Tante Luzie standen Punkt sieben vor der Tür. Pünktlich sind sie. Das muss man ihnen lassen. Onkel Max schaltete gleich die Ferne ein, um den Kanzler zu hören, der Junge durfte ihm auf den Schoß krabbeln, und Tante Luzie half Mama in der Küche mit Zwiebelschneiden. Mama und mir tränen dabei die Augen, deshalb lassen wir das immer, bis Tante Luzie kommt. Sie sagte, Kinder, das hätte längst ranmüssen, die Zwiebeln, sonst zieht er nicht richtig durch. Wir hatten das andere aber schon alles dran am Salat.
Papa war natürlich noch nicht da. Um fünf Uhr war er schnell mal auf die Ecke gegangen. Bloß was zu

rauchen holen, hatte er gesagt. Aber Mann, hatte Mama gesagt, jetzt auf Heiligabendnachmittag gibt's doch nirgends was zu rauchen. Die haben alle zu. Um halb acht kam er wieder und rauchte eine dicke Festtagszigarre. Ich musste das Papier von der Flasche machen, und Onkel Max sagte, Mensch, nicht mal Verschnitt, den stell aber gleich unter die Leitung. Unsern hat Luzie im Netz. Den werden wir später auswickeln. Doppelkorn.

Dann können wir ja essen, sagte Mama, gedeckt ist schon seit einer Stunde. Kind, mach den Kerzenstecker rein, sagte sie zu mir, und knipste das Oberlicht aus, Heiligabend haben wir doch immer mit dem Baum gegessen. Wenn es zu dunkel ist, dann fass mal unter den Schrank, da hat der Junge vorhin ein paar Kerzen runtergekullert, die stecken wir auf dem Tisch an. Nach dem Essen dürft ihr die Päckchen auspacken. Nicht jetzt?, fragte der Junge, der immer noch bei Onkel Max auf dem Schoß saß. Er war schon müde und blinzelte zu den Päckchen rüber, die unter dem Baum lagen. Den Baum hatten wir in die Fensterecke gestellt. Er stand auf dem Waschhocker, über den wir den alten grünen Regalvorhang gedeckt hatten, der reichte bis zur Erde, da sah man die weißen Beine nicht.

Ich trug mit Tante Luzie die Schüsseln rein, und

Mama brachte den Tee. Die Bockwürste sind für jeden zwei, sagte sie, weil heute Weihnachten ist. Ich habe eigentlich gar keinen Hunger, sagte Papa, und Mama: das kann ich mir denken, aber ein bisschen was musst du essen. Na schön, sagte er, draußen wird noch Rum sein, für den Tee. Nach dem Essen holte Papa den Portier rauf. Das war mit der Portiersfrau so abgemacht. Die musste gestern plötzlich zu ihrer alten Mutter verreisen. Damit er nicht so allein ist, hat sie gesagt, und Mama sagte, selbstverständlich. Frohes Fest, sagte der Portier, und stellte eine Flasche auf den Tisch. Ein kleines Schnäpschen, zur Feier des Tages. Er sah sich schüchtern in der Runde um. Wenn das nicht in unserer Stube, sondern im Film gewesen wäre, dann wäre er bestimmt der Paul Dahlke oder der Willi Rose gewesen. Aber so war er bloß unser Portier.
Der Junge schläft aber unruhig, dachte sie. Am Geräusch der Metallstreben und Matratzen hörte sie, wie er sich aufrichtete. Er rief nach ihr, bist du noch da? Ja doch, sagte sie, schlaf man ruhig. Sie knipste die Nachttischlampe an. Er kniff die Augen zusammen und kroch wieder unter die Decke.
Zuerst hat es ja keiner gemerkt, dachte sie. Wir haben die Päckchen ausgewickelt und uns die Hand gegeben. Dann ist er mit dem roten Aufziehauto in

die Ecke gekrochen. Zwei- oder dreimal habe ich bei den anderen mitgeprostet. Danach habe ich mich an den Ofen gesetzt und in den Illustrierten geblättert. Ich mag das nicht, so mittendrin sein, wenn die Männer in Schwung kommen. Die fassen dann einen überall an. Ich bin doch kein Kind mehr. Als dem Portier seine Streichhölzer weg waren, machten sie ein Hallo, dass man nicht mal in Ruhe die Illustrierte lesen konnte. Er wollte sich mit Papas Feuerzeug nicht zufriedengeben. Es ist ja nicht wegen der paar Streichhölzer, sagte er, aber eben haben sie noch vor mir auf dem Tisch gelegen. Sie schoben den Teller ein Stück weiter und sahen auch unter den Tisch. Die Streichhölzer waren nicht da. Schließlich nahm der Portier dann doch das Feuerzeug von Papa, und sie beruhigten sich wieder einigermaßen.
Fünf Minuten später war die nächste Aktion im Gange. Ist denn das die Möglichkeit, sagte Onkel Max, mein Glas ist weg. Ach wo, sagte Mama, das kann doch nicht weg sein. Und dann suchten sie wieder, alle zusammen, diesmal ein Glas, und wieder vergebens. Macht doch kein Theater, sagte Papa, wir haben ja noch mehr Gläser. Mädchen, sagte er zu mir, gib Onkel Max ein neues Glas.
Es dauerte nicht lange, da sagte der Portier, Verzeihung, ich glaube, mein Glas ist weg.

Jetzt reicht's mir aber, sagte Papa, hört endlich auf mit diesen Späßen. Und dann musste ich wieder ein Glas ersetzen.
Das musste ich noch öfter. Beinahe jedes Mal, wenn Papa mit der Flasche die Runde machte, fehlte ein Glas. Ich dachte schon, der Portier sei nicht ehrlich und hätte die Gläser in der Tasche, Ich beschloss, ihn zu beobachten. Das war aber nicht mehr nötig, denn Tante Luzie sagte auf einmal ganz laut: Seht euch den Jungen an. Wir sahen alle, wie er sich mit einer leeren Bierflasche zurückziehen wollte, die er unbemerkt von der Tischkante geangelt hatte.
Was willst du denn damit, fragte Mama. Er war wie angewurzelt stehengeblieben. Spielen, sagte er bloß. Und er zeigte mit der Flasche zum Baum rüber.
Da sahen wir die Bescherung. Unter dem Baum war alles aufgebaut. Die Streichholzschachtel in der Mitte und drumherum die Schnapsgläser. Wir waren alle aufgestanden, um die Geschichte zu sehen, die da passiert war. Er trippelte uns voraus und baute sich vor dem Baum auf, als wollte er verhindern, dass jemand etwas anrühre. Als keiner was sagte, wiederholte er treuherzig: spielen. Dann tippte er mit dem Finger auf die Streichholzschachtel, die aufgezogen war, und sagte: Das ist die Krippe vom Christkind. Und das, das sind die Maria und der Jo-

sef. Dabei tippte er auf zwei Gläser dahinter. Und das sind die Hirten.
Papa schnappte nach Luft. Er sah aus, als ob es Prügel geben sollte. Und die Bierflasche?, fragte Mama. Das, das ist der schwarze König auf dem Kamel. Der Junge umklammerte die Flasche und war ganz blass. Onkel Max, der ein volles Glas in der Hand hielt. sagte, na denn prost!, kippte es hinunter und blökte los. Da blökten alle mit. So ein Lachen habe ich noch nie gehört, war das ein Heidengelächter. Dem Jungen liefen die Tränen über das Gesicht, und als ihm Mama die Flasche abnehmen wollte, sagte ich: Lass doch dem Kind die Flasche. Du bringst ihn ins Bett, sagte Papa, habt ihr verstanden? Schlaf man ruhig, sagte sie noch einmal, und dann machte sie das Licht wieder aus.

Besuch in der Christnacht

JOHANNES LINKE

Der böhmische Wind sauste übers Gebirge. Es war fast kein Wind mehr, eher ein Sturm, der die Hänge hinaufjagte, über die Grate sprang, die Bäume zauste und sich in die Täler stürzte. Winzige Eisnadeln trieb er vor sich her, die aus der Höhe kamen, und dazwischen brachte er trockenen Schneestaub und mehlfeinen Erdsand, den er sich auf den Äckern errafft hatte. Es lag wenig Schnee in den Tälern, und da der kalte Wind vom Osten seit ein paar Tagen umging, war die Schneedecke im offenen Gelände allenthalben zerrissen, und staubig graue Dünen wanderten in unablässigem Gerinnsel über Weiden und gepflügtes Land. Wahrhaftig, es war ein Wetter zum Daheimbleiben, und wenn nicht gerade der Heilige Abend gewesen wäre, dann hätte heut auch kein Mensch über die Schwelle treten mögen, aber so musste man zur Christmette gehen. Es würde ein harter Gang werden in dieser Nacht.

„Heut bleib ich daheim!“, sagte der Rauhwandner-Gregor, der Einödbauer, zu seinen Leuten, die ihn

verwundert anschauten. So kannten sie ihren Bauern gar nicht. Der fürchtete sich doch sonst vor keinem Wetter, und die härteste Arbeit tat er allemal selber. Jeder hatte insgeheim gehofft, er dürfe daheim bleiben und das Haus hüten, und während die andern sich den Eiswind ins Gesicht blasen lassen mussten, könne er einmal seine Glieder pflegen und sich gütlich tun an den vielen schönen Dingen des Festes. Aber das half nun alles nichts. Was der Bauer sagte, das galt.
„Ich hatte gemeint, Vater“, sagte die Bäuerin fragend, „heut sollt ich einmal das Haus hüten?“
Aber der Bauer gab ihr ganz ruhig zur Antwort: „Nein, Mutter, das geht nicht. Heut muss ich daheim bleiben.“
Sie verstand ihren Mann wieder einmal nicht ganz, aber sie gab sich in seinen Willen. Der Knecht zündete die beiden Stalllaternen an, denn es war draußen kellerschwarz und stockfinster; Bäurin, Mägde und Töchter wickelten sich in ihre wollenen, langfransigen Umschlagtücher, dass nur Augen und Nase noch herausschauten, der Knecht und die Söhne legten sich den Mantel an und zogen die Kappen tief ins Gesicht, dann nahm jeder seinen Hakelstecken, an dem Türstock besprengten sie sich mit einem Tröpflein Weihbrunn, und dann gingen sie in die stürmisch-kalte Nacht hinaus.

Der Rauhwandner legte ein paar Buchenkloben auf die Herdglut, holte den berühmten Lederband, den sie alle in frommer Scheu nur „das lateinische Büchel“ nannten, und setzte sich hinter den Tisch ins Eck unter das geschnitzte Heilandsbild.
Der Rauhwandner-Gregor war nicht zum Bauern bestimmt gewesen. Er war der Jüngste unter sieben Geschwistern, und da er einen hellen Kopf hatte, war er auf Betreiben des Pfarrers auf die Schulen geschickt worden, hatte überall seine Sache gut gemacht und sollte nun geistlich werden. Seine vier Schwestern hatten fortgeheiratet, und Thomas, der Älteste, sollte den Hof übernehmen. Ludwig, sein anderer Bruder, hatte über Nacht fortgemusst; soviel man wusste, war er nach Amerika gegangen und konnte nicht wiederkommen, weil ihm bei einer Rauferei das Messer ausgerutscht war und der Kramer-Franz an der Wunde hatte sterben müssen. Und nun, als Gregor das letzte Jahr auf die Studi ging, hatte der Thomas einmal beim Gsottschneiden nicht Acht gegeben und sich eine Fingerkuppe abgeschnitten. Er hatte sich die Wunde mit einem Sacktuche fest verbunden und hatte seine Arbeit weitergetan, als wenn nichts geschehen wäre. Da war der Brand in die Wunde gekommen, und nach einer Woche mussten sie ihn schon zum Friedhof

tragen. Nun hatten sie den Gregor heimgeholt, und wenn er es gleich nicht wollte, musste er den Hof übernehmen.
Das alles war nun ziemlich lange her, und jetzt hatte er selber drei Buben und vier Töchter, die alle schon nicht mehr zur Schule gingen, sondern von früh bis zur Nacht mit im Hofe arbeiteten.
Der Bauer überflog noch einmal mit einem scharfen Blick die Stube, dann schlug er das Buch auf und begann zu lesen. Es war kein Zauberbuch, wie seine Nachbarn meinten, sondern die Heilige Schrift, die er in der lateinischen Ausgabe las, um die Sprache nicht zu verlernen. Er brauchte einige Zeit, bis er sich in das Evangelium von der Christgeburt vertieft hatte, denn es war eine geheime Unruhe in ihm, die Ahnung irgendeiner Gefahr, die seinem einsamen Hof drohte. Deswegen war er auch daheim geblieben, und nicht etwa, weil er das bisschen kalten Wind fürchtete.
Die Öllampe brannte mit rötlichem Licht über dem schweren Tische, der seit seines Großvaters Zeiten auf diesem Flecke stand. Das harte Holz knatterte im Ofen, und der Wind warf sich gegen die eisverblümten Fensterscheiben, die unter dem Anprall der zahllosen kleinen Eiskristalle unablässig leise klirrten.

Halblaut las er den uralten, ewig neuen Bericht von den Hirten auf dem Felde, da hörte er draußen vor dem Haus Schritte und gedämpfte Männerstimmen. Jetzt hantierten sie vorsichtig an der Tür. Sie nahmen wohl an, sie sei mit dem Eichenbalken versperrt. Als die Männer merkten, dass sie nur eingeklinkt war, schoben sie sich leise in den Hausgang und flüsterten miteinander.
Der Rauhwandner las unentwegt weiter und spannte zugleich mit allen Sinnen und Kräften. Also hatte er mit seiner Ahnung doch recht gehabt! Es war nur gut, dass er selber daheim geblieben war. Er fürchtete sich nicht, aber die da kamen, die sollten sich noch fürchten!
Jetzt rissen sie die Stubentür auf und polterten herein. Es waren drei Männer, dick vermummt und mit schwarzen Tuchlarven vor dem Gesicht, und die beiden vordersten hielten ihr Gewehr im Anschlag.
Der Bauer las noch immer in singendem Flüstertone das Evangelium, und davon wurden die drei ganz verwirrt. Jetzt schaute der Rauhwandner von der Schrift auf und sah die drei Fremden mit einem Blick an, der ihnen bis ins Mark drang.
Ziemlich leise, aber mit einem Tonfall, der voller Gewalt war, sagte der Bauer: „Stellt eure Kugelstutzen hinten ins Eck!" Da gingen die Kerle zum Küchen-

kasten, die beiden ersten stellten ihre Flinten fort, und der dritte zog eine Pistole unter seinem Rock hervor und legte sie auf den Fensterstock. Der Bauer sagte: „Sitzts nieder auf der Bank, Kolterer, ein jeder auf eine Seiten!“ Und die Kolterer, drei Brüder aus Wachelried, setzten sich willenlos am Tische nieder. „Tut eure Masken herunter, Männer!“, sprach der Bauer wieder, „dass ich euch besser zuschauen kann.“ Und die drei Männer konnten sich nicht widersetzen und nahmen ihre Larven ab.
„Legt eure Händ auf die Tischplatte, Männer!“, sagte der Bauer. „Haltet euch stad, dass ich weiterlesen kann!“ Und die drei Brüder legten gehorsam ihre Hände vor sich auf den Tisch, hatten die Augen weit aufgerissen und den Mund halb geöffnet und starrten den Rauhwandner an, der wieder eintönig und doch wie singend die Verse des Evangeliums in einer fremden Sprache zu lesen begann. Sie vernahmen die Worte wie eine Beschwörung aus weiter Ferne. Keiner konnte sich rühren. Sie waren blass geworden. Langsam entwich ihnen das Blut aus Gesicht, Händen und Füßen. Sie fröstelten und spürten mit Schaudern, wie eine eisige Kälte sie immer mehr durchdrang. Einmal machte der Kolterer-Peter in seiner Angst den Versuch, sich loszureißen, um zu entfliehen, aber da merkte er, wie er mit den Hän-

den an der Tischplatte, mit den Füßen an der Diele festklebte und sich nicht bewegen konnte. Sie waren gebannt. Der lateinische Bauer hatte sie mit seinem Zauberbuche angefroren.

Sie waren in dieser Nacht, die wie keine andere zu Einbruch und Raub lockte, losgerückt, um den Rauhwandnerhof auszuplündern. Um diese Stunde war ja alles in der Christmette, und den einzelnen Menschen, der das Haus bewachte, hatten sie schon in Schach halten wollen, wenn es Not tat, mit Gewalt, vielleicht so, dass er niemals mehr jemandem ein Wort sagen konnte – und nun hockten sie hier im Einödhofe um den Tisch, mit abgestorbenen Gliedmaßen, geronnenem Blute und einer entsetzlichen Kälte im Herzen. Unablässig fielen die fremden Zauberworte des Bauern über sie und spannten sie mit eisernen Ketten fest.

Sie waren wach und doch wie im Schlafe, wussten nicht mehr, wie lange sie da saßen, wo sie waren und welche Stunde jetzt über die Welt ging, da hörten sie plötzlich zwischen versprengten Glockenrufen, die der Wind aus dem Pfarrdorfe herauftrug, die Stimme des Rauhwandners.

„Steht auf, Männer! Die Christmetten läutet man aus!“ Sie konnten sich wieder rühren, aber es war ein Krampf in ihren Gliedern, denen langsam wieder

das Blut zuflog, und sie mussten sich an der Banklehne festhalten, sonst wären sie hingestürzt.
Was würde der lateinische Bauer jetzt mit ihnen machen? Er hatte sie ja völlig in seiner Gewalt. Ob er sie der Polizei auslieferte oder sie von seinen Söhnen erschlagen ließ? Da hörten sie ihn wieder:
„Eure Kugelstutzen lasst da, Männer, damit ihr nicht wieder in Versuchung fallt! Und jetzt schauts, dass ihr weiterkommt, alle drei, dass euch die Mettenleut nicht sehen!"
Sie taumelten zur Tür, durch den Hausgang, ins Freie. Sie waren noch immer halb willenlos von dem Zauber befangen, und auch der eisträchtige Wind, durch den jetzt aus den Dörfern das Lärmen und Krachen des Christkindelschießens tönte, weckte sie nicht völlig auf. Traumwandlerisch tappten sie dem Gangsteige nach, der ins Tal führte, wo sie dann den Fahrweg nach ihrem fernen Dorfe finden konnten. Plötzlich peitschte hinter ihnen ein Schuss, und dieser Knall band sie los, dass sie wach wurden und zur Besinnung kamen. Schoss jetzt der Rauhwandner hinter ihnen drein? In wilder Flucht rannten sie bergein. Es knallte wieder, und noch ein drittes Mal. Dann war es bei der Einöd wieder still. Der Bauer hatte nur ihre Flinten und die Pistole leergeschos-

sen. Dann verschloss er die drei Waffen in dem alten Mauerkasten, zu dem nur er den Schlüssel besaß. Er erzählte auch keinem Menschen ein Wort von dem Besuche in der Christnacht und war nur an den Feiertagen noch schweigsamer als sonst.

Die Nacht im Dom

DINO BUZZATI

Wer klopft am Weihnachtsabend an die Domtür?, fragte sich Don Valentino. „Haben die Leute noch nicht genug gebetet? Was für eine Sucht hat sie ergriffen?"

Mit diesen Worten ging er öffnen, und mit einem Windstoß trat ein zerlumpter Mann herein.

„Wie viel von Gott ist hier!", rief er lächelnd aus und sah sich um. „Wie viel Schönheit! Man spürt es sogar von draußen. Monsignore, könnten Sie mir nicht ein wenig davon abgeben? Denken Sie, es ist der Heilige Abend."

„Das gehört Seiner Exzellenz, dem Erzbischof",

antwortete der Priester. „Er braucht es in wenigen Stunden.
Seine Exzellenz lebt schon wie ein Heiliger, du wirst doch nicht verlangen, dass er jetzt auch auf Gott verzichtet! Und außerdem bin ich niemals Monsignore gewesen."
„Und auch nicht ein kleines bisschen könnten Sie mir geben, Hochwürden? Es ist soviel davon da! Seine Exzellenz würde es gar nicht einmal merken!"
„Nein, habe ich gesagt ... du kannst gehen ... der Dom ist für die Allgemeinheit geschlossen", und er geleitete den Armen mit einem Fünf-Lire-Schein hinaus.
Aber als der Unglückliche aus der Kirche hinausging, verschwand im gleichen Augenblick auch Gott. Bestürzt schaute sich Don Valentino um und forschte in den dunklen Gewölben: selbst da oben war Gott nicht mehr. Dieser prächtige Apparat von Säulen, Statuen, Baldachinen, Altären, Katafalken, Leuchtern und Drapierungen, sonst immer so geheimnisvoll und mächtig, war unversehens düster und ungastlich geworden. Und in ein paar Stunden sollte der Erzbischof kommen.
In höchster Erregung öffnete Don Valentino eine der äußeren Pforten und blickte auf den Platz. Nichts. Auch draußen keine Spur von Gott, wiewohl es

Weihnachten war. Aus den tausend erleuchteten Fenstern kam das Echo von Gelächter, zerbrochenen Gläsern, Musik und sogar von Flüchen. Keine Glocken, keine Lieder.
Dort Valentino ging in die Nacht hinaus, schritt durch die unheiligen Straßen, die von dem Lärm hemmungsloser Gelage widerhallten. Aber er wusste die rechte Anschrift. Als er in das Haus trat, setzte sich die befreundete Familie gerade zu Tisch. Alle sahen einander wohlwollend an, und um sie herum war ein wenig von Gott. „Frohe Weihnachten, Hochwürden", sagte der Vater. „Wollen Sie nicht unser Gast sein?"
„Ich habe Eile, ihr Freunde", antwortete er. „Durch eine Unachtsamkeit meinerseits hat Gott den Dom verlassen, und Seine Exzellenz kommt gleich zum Gebet. Könnt ihr mir nicht euern Herrgott geben? Ihr seid ja in Gesellschaft und braucht ihn nicht so unbedingt."
„Mein lieber Don Valentino", sagte der Familienvater, „Sie vergessen, möchte ich sagen, dass heute Weihnachten ist. Gerade heute sollten meine Kinder ohne Gott auskommen? Ich wundere mich, Don Valentino."
Und im gleichen Augenblick, in dem der Mann so sprach, schlüpfte Gott aus dem Hause, das freund-

liche Lächeln erlosch, und der Truthahnbraten war wie Sand zwischen den Zähnen.
Und wieder hinaus in die Nacht und durch die verlassenen Straßen. Don Valentino lief und lief und erblickte ihn schließlich von Neuem. Er war bis an die Tore der Stadt gekommen, und vor ihm breitete sich in der Dunkelheit, leicht im Schneegewande schimmernd, das weite Land. Über den Wiesen und den Zeilen der Maulbeerbäume schwebte Gott, als wartete er. Don Valentino sank in die Knie. „Aber was machen Sie, Hochwürden?", fragte ihn ein Bauer. „Wollen Sie sich in dieser Kälte eine Krankheit holen?"
„Schau da unten, mein Sohn! Siehst du nicht?"
Der Bauer blickte ohne Erstaunen dahin.
„Das ist unser", sagte er. „Jede Weihnacht kommt er, um unsere Felder zu segnen."
„Höre", sagte der Priester, „könntest du mir nicht ein wenig davon geben? Wir sind in der Stadt ohne Gott geblieben, sogar die Kirchen sind leer. Gib mir ein wenig davon ab, damit wenigstens der Erzbischof ein anständiges Weihnachten feiern kann."
„Fällt mir nicht im Traume ein, Ihr lieben Hochwürden! Wer weiß, was für ekelhafte Sünde ihr in der Stadt begangen habt. Das ist eure Schuld. Seht allein zu."

„Gewiss, es ist gesündigt worden. Und wer sündigt nicht? Aber du kannst viele Seelen retten, mein Sohn, wenn du mir nur ja sagst."
„Ich habe genug mit der Rettung meiner eigenen zu tun!", sagte der Bauer mit höhnischem Lachen, und im gleichen Augenblick hob sich Gott von seinen Feldern und verschwand im Dunkel.
Und Don Valentino ging weiter und suchte. Gott schien seltener zu werden, und wer ein bisschen davon besaß, wollte nichts hergeben (aber im gleichen Augenblick, da er mit „Nein" antwortete, verschwand Gott und entfernte sich immer weiter).
Endlich stand Don Valentino am Rande einer grenzenlosen Heide, und in der Ferne am Horizont leuchtete Gott sanft wie eine längliche Wolke. Der Priester warf sich in den Schnee auf die Knie.
Schuld ist der Erzbischof heute allein geblieben. Seine Füße waren zu Eis erstarrt, er lief im Schnee weiter und sank bis ans Knie ein, und alle Augenblicke fiel er der Länge nach hin. Wie lange konnte er es noch aushalten?
Endlich vernahm er einen großen, leidenschaftlichen Chor von Engelsstimmen, ein Lichtstrahl brach durch den Nebel. Er öffnete ein hölzernes Türchen, es war eine riesige Kirche, und in ihrer Mitte betete ein Priester zwischen einigen Lichtern. Und die Kir-

che war voll des Paradieses. „Bruder“, seufzte Don Valentino, am Ende seiner Kräfte und mit Eisnadeln bedeckt, „habe Mitleid mit mir. Mein Erzbischof ist durch meine Schuld allein geblieben und braucht Gott. Gib mir ein bißchen von ihm, ich bitte dich.“
Langsam wandte sich der Betende um. Und Don Valentino wurde, als er ihn erkannte, fast noch bleicher, als er ohnedies war.
„Ein gesegnetes Weihnachten dir, Don Valentino“, rief der Erzbischof aus und kam ihm entgegen, ganz von Gott umgeben. „Aber Junge, wo bist du nur hingelaufen? Was hast du um des Himmels willen in dieser bärenkalten Nacht draußen gesucht?“

Die Heilige Nacht

KAREL ČAPEK

„Nein, so was!“, zeterte Frau Dinah. „Wenn‘s anständige Leute wären, gingen sie zum Bürgermeister, anstatt herumzubetteln! Warum haben die Simons sie denn nicht aufgenommen? Warum sollen ausgerechnet wir sie aufnehmen? Sind wir vielleicht was Schlechteres als die? Simons Frau würde so ein Gesindel nicht ins Haus lassen. Nein, so was, Mann, dass du dich wegwirfst an … ich weiß nicht, wen!“

„Schrei nicht so“, knurrte der alte Isachar, „sonst hören sie‘s noch!“

„Sollen sie‘s nur hören“, sagte Frau Dinah, ihre Stimme noch mehr erhebend. „Unerhört! Das wäre ja gelacht, wenn ich wegen irgendwelcher Landstreicher nicht mal mehr im eigenen Haus einen Mucks sagen dürfte. Kennst du sie? Kennt sie sonst jemand? Er sagt: Das ist meine Frau! Seine Frau, haha! Ich weiß doch, wie es bei solchem Gesocks lang geht! Dass du dich nicht schämst, so was ins Haus zu lassen!“

Isachar wollte einwenden, dass er sie ja bloß in den Stall gelassen habe, behielt es aber für sich; er war froh, wenn er seine Ruhe hatte.

„Und sie“, fuhr Dinah entrüstet fort, „sie ist in anderen Umständen, dass du Bescheid weißt. Herrgott, das hat uns gerade noch gefehlt! Jesus Maria, damit wir womöglich ins Gerede kommen! Sag mal, du warst wohl nicht ganz bei Troste?“ Frau Dinah holte tief Luft. „Versteht sich, einem jungen Weibsbild kannst du nichts abschlagen. Als sie dir schöne Augen gemacht hat, konntest du dich zerreißen vor lauter Gefälligkeit. Für *mich* hättest du's nicht getan, Isachar! Richtet euch nur ein Lager her, liebe Leute, im Stall liegt Stroh in Hülle und Fülle – als ob wir in ganz Bethlehem die einzigen wären, die einen Stall haben! Warum haben Simons ihnen denn nicht ein Bund Stroh gegeben? Weil die Simonsche sich das von ihrem Mann nicht hätte gefallen lassen, verstehst du. Nur ich bin so ein Waschlappen, der zu allem Ja und Amen sagt …"

Der alte Isachar drehte sich zur Wand. Vielleicht hört sie bald auf, dachte er, ganz unrecht hat sie zwar nicht, aber so ein Geschrei zu machen wegen …

„Fremde Leute ins Haus zu holen!", lamentierte Frau Dinah in gerechtem Zorn. „Wer weiß, was das für welche sind! Ich kann jetzt vor Angst die ganze Nacht kein Auge zutun! Aber das ist dir gleichgültig, nicht wahr? Für andere machst du alles, bloß für mich nichts! Wenn du ein einziges Mal auf deine abgerackerte und kranke Frau Rücksicht nehmen würdest! Und morgen früh soll ich wohl hinter ihnen saubermachen? Wenn der Kerl Zimmermann ist, warum arbeitet er dann nicht irgendwo? Wieso soll gerade ich soviel Schererei haben? Hörst du, Isachar?"

Aber Isachar, das Gesicht zur Wand, tat, als schliefe er. „Heilige Jungfrau Maria", seufzte Frau Dinah,

„hab ich's schwer! Die ganze Nacht muss ich mir vor lauter Sorgen um die Ohren schlagen … Und er schläft wie ein Murmeltier. Sie können uns das Dach überm Kopf wegtragen – er schnarcht … Mein Gott, ist das ein Kreuz!"

Es war still, nur des alten Isachars Schnarchen erfüllte das Dunkel.

Gegen Mitternacht weckte ihn das unterdrückte Stöhnen einer Frau. Sackerlot, dachte er erschrocken, drüben im Stall wird was sein. Wenn bloß Dinah nicht davon aufwacht … Das gäbe wieder eine Litanei!

Er lag regungslos, wie schlafend.

Nach einer Weile war abermals Stöhnen zu vernehmen. Lieber Gott, erbarme dich! Gib, dass Dinah nicht aufwacht, betete der alte Isachar beklommen, aber da merkte er auch schon, dass sich Dinah an seiner Seite regte – sie richtete sich auf und lauschte gespannt. Jetzt gibt's ein Donnerwetter, sagte sich Isachar zerknirscht, blieb aber mucksmäuschenstill.

Frau Dinah stand lautlos auf, warf sich ein Wolltuch um die Schultern und ging auf den Hof. Sie wird sie rausschmeißen, überlegte Isachar ohnmächtig. Aber ich mische mich da nicht ein, soll sie tun, was sie will …

Nach einer sonderbar langen Stille kehrte Frau Dinah

auf leisen Sohlen zurück. Isachar, ganz schlaftrunken, meinte Holz knistern und prasseln zu hören, aber er nahm sich vor, sich nicht zu rühren. Vielleicht friert Dinah, dachte er, und macht deshalb Feuer.
Dann schlich Dinah erneut hinaus. Isachar blinzelte und gewahrte überm lodernden Feuer einen Wasserkessel. Wozu das?, fragte er sich verwundert und nickte gleich wieder ein. Er erwachte erst, als Frau Dinah, den dampfenden Wasserkessel in der Hand, mit eigentümlich eifrigen und gewichtigen Schritten hinauseilte.
Das befremdete Isachar; er stand auf und zog sich etwas über. Ich muss doch mal nach dem Rechten sehen, entschied er energisch, doch in der Tür stieß er mit Frau Dinah zusammen.
Sag mal, was rennst du hier herum?, wollte er hervorstoßen, kam aber nicht dazu.
„Was hast du hier zu gaffen?“, fuhr ihn Frau Dinah an, und schon lief sie wieder mit einem Armvoll Lappen und Leinentüchern auf den Hof Auf der Schwelle drehte sie sich um. „Geh ins Bett“, fauchte sie, „und … steh uns nicht im Weg, hörst du?“
Der alte Isachar tappte hinaus auf den Hof. Vor dem Stall sah er eine breitschultrige Männergestalt ratlos dastehen und trat auf sie zu. „Jaja“, brummelte er besänftigend. „Sie hat dich rausgesetzt, was? Jaja, Jo-

sef, diese Weiber ..." Und um von ihrer beider Ohnmacht abzulenken, sagte er rasch: „Guck mal, ein Stern! Hast du schon mal so einen Stern gesehen?"

Der Messias ist da

ANTHONY DE MELLO

Ein in seiner Höhle im Himalaja meditierender Guru öffnete die Augen und erblickte einen unerwarteten Besucher – den Abt eines wohlbekannten Klosters.
„Was sucht Ihr?", fragte der Guru.
Der Abt erzählte eine leidvolle Geschichte. Sein Kloster war einst in der ganzen westlichen Welt berühmt. Junge Aspiranten füllten die Zellen, und seine Kirche hallte wider vom Gesang der Mönche. Aber das Kloster hatte schwere Zeiten durchzumachen. Die Menschen strömten nicht mehr herbei, um geistige Nahrung aufzunehmen. Der Zustrom junger Aspiranten war versiegt, in der Kirche war es still geworden. Nur ein paar Mönche waren geblieben, und sie gingen schweren Herzens ihren

Aufgaben nach. Der Abt wollte nun wissen: „Ist das Kloster um unserer Sünde willen in einen solchen Zustand verfallen?"
„Ja", sagte der Guru, „die Sünde der Ahnungslosigkeit."
„Und was ist das für eine Sünde?"
„Einer von euch ist der Messias – verkleidet – und ihr merkt es nicht."
Nachdem er das gesagt hatte, schloss der Guru seine Augen und versank wieder in Meditation.
Während der beschwerlichen Rückreise zum Kloster schlug das Herz des Abtes schneller bei dem Gedanken, dass der Messias – der Messias in Person – auf die Erde zurückgekehrt war und sich in seinem Kloster befand. Wie war es möglich, dass er ihn nicht erkannt hatte? Und wer konnte es sein? Der Bruder Koch? Der Bruder Sakristan? Der Bruder Verwalter? Der Bruder Prior? Nein, der nicht, er hatte leider zu viele Fehler. [...] Und einer von ihnen musste der Messias sein!
Als er wieder im Kloster war, versammelte er die Mönche und sagte ihnen, was er gehört hatte. Ungläubig guckten sie einander an. Der Messias? Hier? Unglaublich! Und doch hieß es, er sei hier in Verkleidung. Wenn es nun der und der wäre? Oder der dort drüben? Oder ...

Eine Sache war sicher: Wenn der Messias sich hier verkleidet befand, war es nicht sehr wahrscheinlich, dass sie ihn erkennen würden. Also ließen sie es sich angelegen sein, jeden respektvoll und mit Rücksicht zu behandeln. „Man kann nie wissen“, sagten sie sich, wenn sie miteinander zu tun hatten, „vielleicht ist es gerade der.“
Die Folge war, dass im Kloster eine ansteckend fröhliche Stimmung herrschte. Aspiranten bemühten sich bald wieder um Aufnahme in den Orden, und erneut hallte die Kirche wider von dem frommen und frohgemuten Gesang der Mönche, die vom Geist der Liebe beseelt waren.

Weihnacht

ADALBERT STIFTER

Und endlich kommt die Heilige Nacht. So kurz die Tage sind, so hat doch an diesem Tag die Nacht gar nicht kommen wollen, und unendlich lang dauerte der Tag. Das Christkindl aber gibt die Gaben nur in der Nacht seiner Geburt. Und sie ist jetzt gar wirklich gekommen, diese Nacht. Die Lichter brennen schon in dem prachtvollen Zimmer der Stadtleute, auf der Leuchte in der Stube der alten Waldhütte brennt der Kien, oder es brennt ein Span in seiner eisernen Zange auf einem hölzernen Gestelle. In dem Zimmer mit den Lichtern oder in der Stube mit dem brennenden Kien oder dem brennenden Span harren die Kinder. Da kommt die Mutter und sagt: „Das Christkindl ist schon da gewesen."

Und nun öffnen sich die Flügeltüren, und die Kinder und alle, welche gekommen sind, die Freude zu teilen, gehen in das verschwiegene Zimmer. Dort steht der Baum, der sonst nichts als grün gewesen ist. Jetzt sind unzählige flimmernde Lichter auf ihm und bunte Bänder und Gold und unbekannte Kostbarkeiten hängen von ihm nieder. Und der Gaben ist eine Fülle auf ihm, dass man sich kaum fassen kann. Die Kinder sehen ihre liebsten Wünsche erfüllt, und selbst die Erwachsenen und der Vater und die Mutter haben von dem Christkindlein Geschenke erhalten, weil sie Freunde der Kinder sind und die Kinder lieben. Die Bangigkeit der Erwartung geht jetzt in Jubel auf, und man kann nicht enden, sich zu zeigen, was gespendet worden ist. Man zeigt es sich immer wieder und immer wieder und freut sich, bis der Erregung die Ermattung folgt und der Schlummer die kleinen Augenlider schließt. Und auch die Türe aus der Stube der Waldhütte öffnet sich in die Kammer hinaus, und die Kinder gehen durch die Tür. Auf einem Baume mit mehreren Lichtlein hängen wunderbare goldene Nüsse und goldenen Pflaumen und Äpfel und Birnen und Backwerk und anderes Liebes, vielleicht ein hölzerner, schön bemalter Kuckuck oder ein Trompetchen oder zwei rote, unvergleichliche Schuhe. Und wenn kein Baum in der Kammer ist, so liegen diese Dinge auf einem weißen, reinen Tuch, und eine Talgkerze brennt dabei. Und die Dinge werden in die Stube hinausgetragen und die Talgkerze auch, und sie bleibt in der Heiligen Nacht brennen, bis die Kinder schlafen gehen. Und vor Freude und vor Entzücken gehen sie lange nicht schlafen und kosten auch noch von den gespendeten Dingen. Aber endlich bringt sie der Schlummer doch unter die Decke. Und manche Gabe geht mit in das Bett. Selbst den Kindern in Hütten, wo nur eine Stube und gar keine verschwiegene Kammer ist, bringt das Christkindl Gaben. Sie dürfen nur in das Vorhaus, in den Stallgang oder wo immer hin, auf einen Stein, darauf man sonst Garn klopft oder auf einen Stock oder auf einen Stuhl ein Tuch breiten und ein leeres Schüsselchen stellen, und wenn sie nach einer

Zeit wieder nachsehen, ist das Schüsselchen gefüllt mit Goldnüssen, Pflaumen, Birnen, Äpfeln, Honigkuchen und erwünschen Sachen. Und zu solchen Kindern, damit sie wissen, dass das Schüsselchen gefüllt ist, sendet öfter das Christkindlein eines seiner goldenen Rösslein, mit denen es durch den Himmel fährt, und lässt die geschehene Begabung verkündigen. Und das Rösslein läutet vor der Türe mit seiner Glocke und tut ungebärdig, schlägt an die Tür, und wenn die Kinder hinauseilen, ist das Rösslein fort, und das gefüllte Schüsselchen steht da. Wir haben oft in längst vergessenen Christnächten im Walde an der jungen Moldau das goldene Rösslein läuten und toben gehört.

Und wenn die Millionen Kinder, welche in dieser Nacht beteilt worden sind, schon in ihren Bettchen schlummern und ihr Glück sich noch in manchem Traume nachspiegelt und nun von dem hohen Turm des Domes in der großen Stadt die Schläge der zwölften Stunde der Nacht herabgetönt haben, so erschallt das Geläute der Glocken auf allen Kirchtürmen der Stadt, und das Geläute ruft die Menschen in die Kirchen zu mitternächtlichem Gottesdienst. Und von allen Seiten wandeln die Menschen in die heiligen Räume. Und in dem hohen gotischen Dom strahlt alles von einem Lichtermeer, und so groß das

Lichtermeer ist, welches weit und breit in den unteren Räumen des Domes ausgegossen wird, so reicht es doch nicht in die Wölbung empor, in welcher die schlanken Säulen oben auseinandergehen, und in jenen Höhen wohnt erhabene Finsternis, welche den Dom noch erhabener macht. Der Hohepriester des Domes und die Priesterschaft des Domes feiern den Gottesdienst. Und so heilig ist das Fest, dass an diesem, und nur an diesem allein, jeder katholische Priester dreimal das heilige Messopfer vollbringen darf. Und wenn schon die Baukunst in den zarten Riesengliedern des Domes dem Gottesdienst als Dienerin beigegeben ist, wenn die tiefe Pracht der kirchlichen Gewänder dem Feste Glanz gibt, so tönt auch die Musik in ihren vollen Wellen und in kirchlichem Ernst, von dem Chore tadellos dargestellt, hernieder. Und wenn die heilige Handlung vorüber ist, zerstreuen sich Priester und Laien, die Lichter werden ausgelöscht, und der Dorn ragt finster zu dem Monde, wenn er am Himmel erscheint, oder zu den Sternen oder gegen die dunklen, schaltenden Wolken.

Und wie in dem Dom, so wird in allen Kirchen der großen Stadt mit den Mitteln der Kirche das heilige Mitternachtsfest gefeiert, soweit die Mittel und der Eifer und die Andacht reichen. Und in jeder Kirche ist die gläubige Menge und feiert das Fest und sucht nach demselben seine Wohnung und seinen Nachmitternachtsschlummer. Aber auch, wie um Mitternacht in der Weihnacht die Glocken der großen Stadt zum Gottesdienst rufen, so rufen in derselben Stunde alle Kirchenglocken der kleineren Stadt, der kleinsten Stadt, des Marktfleckens, des Dorfes, es rufen die Glocken aller Kirchen zu dem heiligen Feste, in welchen Kirchen das Fest gefeiert wird. Und es sind Millionen Tempel, in den man das Geburtsfest des heiligen Kindes begeht. Und wie die Mitternacht von Osten gegen Westen herüberrückt, so rückt das Geläute von Osten nach Westen, bis es an das Meer kommt. Dort macht es eine Pause und beginnt nach einigen Minuten jenseits des Ozeans.

Freude auf dem Weg zum Stern

Die Legende von den Heiligen Drei Königen

JOHANNES V. HILDESHEIM

Als die drei Könige sich – jeder in seinem Reiche – mit aller Pracht und Kostbarkeit und großem Gefolge für die Reise gerüstet hatten, machten sie sich auf den Weg. Keiner wusste von dem anderen, doch wurde jeder von ihnen auf seinem Wege von dem Stern geführt: Er ging mit ihnen weiter, wenn sie ritten, er stand mit ihnen still, wenn sie anhielten. Bei Nacht leuchtete er nicht wie ein Stern oder wie der Mond: Strahlend hell wie die Sonne stand er über ihrem Wege.

Da zu dieser Zeit Friede herrschte auf der ganzen Erde, standen die Stadttore Tag und Nacht offen. Die Bewohner der Städte und Dörfer, die sie durchzogen, erschraken und waren voller Verwunderung: Denn sie sahen Könige mit großem Gefolge – und auf ihrem Wege war es taghell – auch des Nachts!

Niemand wusste, woher sie kamen und wohin sie gingen; am Morgen war der Boden von den Hufen unzähliger Tiere zerstampft. Von solchem Geschehen sprach man lange Zeit. Die drei ruhmreichen Könige kamen bald in andere Länder und fremde Gegenden. Jeder machte seinen Weg über Flüsse, Wüsten und Berge, durch Ebenen, Täler und schreckliche Sümpfe ohne irgendwelche Hindernisse. Alle schwierigen und steilen Wege wurden leicht und eben.

Sie ruhten weder Tag noch Nacht, sie brauchten weder Speise noch Trank; ohne zu essen und zu schlafen, kamen sie bis nach Bethlehem; es schien ihnen nur ein Tag zu sein. So gelangten sie unter Gottes und des Sternes Führung am dreizehnten Tag nach der Geburt des Herrn bei Sonnenaufgang vor Jerusalem an.

Die ruhmvollen Könige näherten sich mit ihrem Gefolge, jeder auf seinem besonderen Wege, der Stadt Jerusalem bis auf zwei Meilen. Da plötzlich bedeckte dichter Nebel und undurchdringliche Finsternis das ganze Land. Und sie verloren den Stern. Isaias hatte prophezeit: „Auf, werde Licht, Jerusalem, denn dein Licht will kommen, die Herrlichkeit des Herrn erstrahlt dir. Denn Finsternis bedecket die Erde und Wolkendunkel die Nationen."

Zuerst kam König Melchior mit seinem Gefolge vor Jerusalem auf dem Kalvarienberge an, auf dem später der Herr gekreuzigt wurde. Auf Gottes Wink lagerte er hier in Nebel und Dunkelheit. Der Kalvarienberg ist ein hoher Fels, fast zwölf Stufen hoch; hier wurden damals die Verbrecher hingerichtet. In der Nähe liefen drei Straßen zusammen; dort blieb Melchior, weil er im Nebel den rechten Weg nicht wusste. Bald darauf kam Balthasar, der König von Godolien und Saba, mit seinem Gefolge und lagerte neben dem Ölberg bei einem kleinen Dorf, das Galiläa heißt.

Als die beiden Könige Melchior und Balthasar hier rasteten, hob sich der Nebel ein wenig, aber der Stern schien nicht. Beide – doch ohne einander zu sehen – zogen etwas weiter, und als sie an die Wegkreuzung gelangten, da gerade kam Caspar, der König von Tharsis und der Insel Egrisoulla, mit seinem Gefolge herauf. An dieser Kreuzung dreier Straßen trafen sich die Könige. Nie zuvor hatten sie sich gesehen, und sie kannten einander nicht. Jetzt aber umarmten und küssten sie sich voller Freude. Obwohl sie verschiedene Sprachen redeten, verstanden sie sich. Jeder erzählte den Anlass zu seiner Reise, und als sie hörten, dass sie alle drei dasselbe Ziel hatten, wurden sie noch viel froher und freudiger. In diesem Augenblick zerteilte sich der Nebel völlig, die Sonne ging auf, und die Könige zogen ein in Jerusalem. Sie erfuhren, es sei die Königsstadt, die ihre Vorfahren oft erobert hatten;

sie hofften, den neugeborenen König hier zu finden. Vor solch einem riesigen, wohlgerüsteten und unerwarteten Zuge erschrak Herodes und die ganze Stadt, denn das gesamte Gefolge war nun so groß, dass die Mauern die große Menschenmenge nicht fassen konnten; der größte Teil musste daher außerhalb bleiben und lag wie ein Belagerungsheer rings um die Stadt.
Als die drei Könige nun in Jerusalem einzogen, fragten sie alle Leute nach dem neugeborenen König der Juden. Sie fragten: „Wo ist der neugeborene König der Juden? Wir haben seinen Stern aufleuchten sehen und sind gekommen, um Ihm zu huldigen."
Als der König Herodes dies hörte, geriet er in Erregung und ganz Jerusalem mit ihm. Er ließ alle Oberpriester und Schriftgelehrten des Volkes zusammenkommen und fragte sie aus, wo der Christus geboren werden solle. Sie gaben ihm zur Antwort: „Zu Bethlehem in Judäa. Denn also steht beim Propheten geschrieben: ‚Und du, Bethlehem im Lande Juda, bist keineswegs die geringste unter den Fürstenstädten Judas; denn aus dir wird der Fürst hervorgehen, der mein Volk Israel regieren soll'" (Mich 5,1).
Die Könige erfuhren von den Schriftgelehrten, wo Jesus geboren war, und verließen darauf Jerusalem. Und plötzlich sahen sie den Stern wieder. Er ging

vor ihnen her bis nach Bethlehem, das zwei kleine Meilen von Jerusalem entfernt liegt. Ihr Weg führte an den Weiden vorbei, wo der Engel den Hirten die Geburt des Herrn verkündet hatte. Als die Hirten die Könige und den Stern erblickten, liefen sie eilig herbei und erzählten, dass ihnen in solch strahlendem Himmelslicht ein Engel erschienen sei und ihnen die Geburt des Herrn verkündet habe. Auch berichteten sie alles, was sie in Bethlehem gehört und gesehen hatten. Das vernahmen die Könige in froher Bewegung! Sie freuten sich über die Worte und Beteuerungen der Hirten, sie hatten ja auch eine Stimme aus dem Stern gehört und hegten keinerlei Zweifel. Die drei Könige beschenkten die Hirten reichlich, dann verabschiedeten sie sich und ritten weiter. Kurz vor Bethlehem saßen sie ab, kleideten sich in ihre königlichen Gewänder und legten ihren schönsten Schmuck an. Wiederum ging der Stern vor ihnen her, und je näher sie Bethlehem kamen, desto heller erstrahlte sein Licht. Sie waren in der ersten Stunde von Jerusalem aufgebrochen, in der sechsten Stunde des gleichen Tages kamen sie nach Bethlehem. Sie ritten durch die Straße, die „Die Bedeckte" hieß, an deren Ende der Stall und die Höhle lagen. Und plötzlich stand der Stern über dem Stalle still. Er senkte sich herab zwischen die verfallenen Wände aus Lehm und Stein und leuchtete dort mit unbeschreiblicher Klarheit. Der alte Stall und die Höhle waren voll strahlenden Lichts. Dann stieg der Stern wieder in die Höhe des Himmels und stand dort unbeweglich. Doch ein wundersamer Glanz verblieb in der Höhle, und „sie traten in das Haus, sahen das Kind mit Maria, Seiner Mutter, fielen nieder und huldigten Ihm. Dann öffneten sie ihre Truhen und brachten Ihm Geschenke dar: Gold, Weihrauch und Myrrhe."

Als die drei Könige den Herrn angebetet und ihm ihre Gaben dargebracht hatten, empfanden sie und ihr Gefolge wieder Müdigkeit, Hunger und Durst, während sie den weiten Weg von den äußersten Grenzen der Erde ohne jede Speise und Trank und ohne Schlaf zurückgelegt hatten. Jetzt schliefen und aßen sie; den ganzen Tag brachten sie in Ruhe in Bethlehem und den benachbarten Orten zu. Überall erzählten sie in Bescheidenheit, warum sie aus so weiter Ferne gekommen waren und wie der Stern sie so wunderbar geführt hatte. Durch solche Erzählungen erstarkte der Glaube der Heiden, die Juden aber ärgerten sich darüber.

Der Evangelist erzählt: Die Könige empfingen im Traum den Befehl, sie sollten nicht wieder zu Herodes zurückkehren. So zogen sie auf einem anderen Weg nach Hause. Nun aber leuchtete ihnen der Stern nicht mehr. Auf dem Rückwege suchten sie bei Nacht Unterkunft, sie hatten Speise und Trank nötig für sich und ihr Gefolge und Futter für ihre Tiere wie andere Reisende auch. Auf drei verschiedenen Wegen, aus drei verschiedenen Ländern waren die Könige gekommen und hatten sich auf wunderbare Weise getroffen. Jetzt kehrten sie auf einem Weg zurück.

Die Wanderer in der Wüste

HANS R. PRUPPACHER

Einst lebte ein weiser König im Morgenland. Eines Tages beobachtete er einen seltsamen Stern am Himmel. Seine Hofastrologen deuteten ihn als Zeichen der Geburt des Messias, denn sie hatten die alten Schriften studiert.
Der Sohn des Königs wusste es auf seine Weise: Der Stern sprach zu ihm in seinen Träumen …

Als der König mit Gefolge zur großen Reise aufbrechen wollte, um den verheißenen Messias aufzusuchen und ihm zu huldigen – da war der Prinz mit einigen seiner Freunde schon bereit. Ja, er hatte an alles gedacht: Vorräte für eine lange Reise, Decken für kalte Nächte im Freien und reiche Geschenke für den Neugeborenen. Sein Vater warnte ihn: Er sei noch zu jung und habe keine Ahnung von den Strapazen dieser Reise, von den Gefahren im unbekannten Land, da es sogar für erfahrene Männer ein Wagnis bedeute. Aber wenn eben dieser Stern auch die Jungen rief? Wer durfte sie zurückhalten?
Dennoch – auf dem beschwerlichen Weg durch die Wüste geschah es: Der beste Freund des Prinzen erkrankte und brauchte dringend Pflege. Der Stern, der sie in die Einöde geführt hatte, war nicht mehr zu sehen. So hielten sie Rat. Einer der Männer im Gefolge des Prinzen glaubte, die Gegend von früheren Reisen her zu kennen: Eine Oase konnte nicht allzu weit entfernt sein. Aber das war ein Umweg zur großen Stadt, die am Rande der Wüste liegen musste. Und war eine solch große Stadt nicht am ehesten der Ort für den Palast eines mächtigen Herrschers, des verheißenen Messias? Wer strebte da nicht vorwärts, näher ans Ziel? Der Prinz jedoch

entschied, seinen kranken Freund zur Oase zu begleiten. Seine anderen Freunde folgten ihm.
Seine Freunde murrten nicht. Aber sie schüttelten den Kopf, als der Prinz nach einer längeren Ruhepause in der Oase die Gastfreundschaft der Menschen dort reichlich belohnte.
Diese Leute waren arm. Sandstürme deckten ihre Gärten immer wieder zu. Ein hartes, mühsames Leben!
Der Stern war nicht mehr erschienen. Aber man konnte ihnen von der Oase aus die Richtung weisen, wo die große, ferne Stadt lag.
Und wieder wagten sie die Reise in die Wüste. Als sie dann endlich die Türme der Stadt in der Sonne funkeln sahen – da trieben sie ihre Kamele an zu schnellerem Gang. Und wieder geschah es, dass der Prinz anzuhalten befahl. Da waren Wanderer am Weg. Warum sollte er sich mit ihnen einlassen? Was gingen die ihn an? Freilich, sie schienen erschöpft und irgendwie verloren: der Mann und sein Esel, die zarte Frau mit dem Kind. Auf der Flucht? Wohin? In die Wüste hinein?
Er wolle sie in die Oase führen, sonst könnten sie sich verirren, beschloss der Prinz. Einige seiner Freunde versuchten, sich ihm zu widersetzen: Wieder zurück? So nahe am Ziel? Aber der Prinz ließ sich von

seinem Vorhaben nicht abbringen. Er lächelte den Fremden freundlich zu und gab der Frau mit dem Kind ein Zeichen, sich auf sein Kamel zu setzen. Der Mann ging mit seinem Esel dankbar nebenher. Niedergeschlagen und enttäuscht unternahm die Karawane den Rückweg in die Oase.
Aber am ersten Abend, als sie ihre Zelte aufschlugen, erschien plötzlich der wunderbare Stern wieder am Himmel. Und als sie von den Fremdlingen hörten, dass sie vor König Herodes fliehen mussten, da gingen ihnen die Augen auf, und sie erkannten in dem Kind den Messias, den sie am falschen Ort gesucht hatten.
Da staunten sie alle; denn dieses verheißene Kind war zu ihnen gekommen mitten in der Wüste. Und der Stern über ihnen erstrahlte mehr und mehr. Und eine innere Stimme sagte ihnen: Gott kehrt ein bei dem, der ihn sucht.

Die Legende vom vierten König

ELISABETH HARDT

Wir alle haben von Caspar, Melchior und Balthasar gehört – den Heiligen Drei Königen, die dem Stern folgten und schließlich zum Jesuskind in der Krippe in Betlehem kamen.

In Russland erzählt man sich von einem vierten König. Dieser König hieß Coredan. Auch er hatte vom neugeborenen König erfahren und wollte ihn suchen. Drei wertvolle rote Edelsteine hatte Coredan eingesteckt, um sie dem neugeborenen König zu schenken. Aber auf dem Weg zum Treffpunkt der Könige lahmte sein Pferd. Und als er dort ankam, waren die anderen bereits gemeinsam weitergezogen. Also ritt Coredan allein weiter und folgte seinem Stern, der auch ihn zum göttlichen Kind bringen sollte. Bald fand er am Wegrand ein verletztes Kind. Coredan nahm das Kind auf sein Pferd und ritt ins letzte Dorf zurück. Dort fand er eine Frau, die das Kind in Pflege nahm. Aus seinem Beutel nahm er einen Edelstein und gab ihn der Frau, damit sie gut für das Kind sorgen konnte, bis es erwachsen war.

Coredan ritt weiter. Da begegnete ihm ein Trauerzug. Ein Familienvater war gestorben. Seine Familie war in Schulden geraten und sollte nach der Beerdigung als Sklaven verkauft werden. Coredan nahm den zweiten Edelstein aus seinem Beutel, der ja eigentlich für den neugeborenen König gedacht war. Er gab ihn der Frau und sagte: „Bezahlt alle eure Schulden und kauft euch ein Haus, damit ihr ein Zuhause habt!“

Coredan wendete sein Pferd und ritt weiter. Da kam er in ein Land, in dem Krieg wütete. In einem Dorf hatten die Soldaten die Bauern zusammengetrieben und wollten sie alle töten. Ohne nachzudenken holte er den letzten Edelstein hervor und kaufte das ganze Dorf vor dem Tode los.

Müde und traurig ritt Coredan weiter. Würde er den neugeborenen König niemals finden? Jahrelang wanderte er. Zuletzt zu Fuß, nachdem er auch sein Pferd verschenkt hatte. Schließlich bettelte er, half den Schwachen, pflegte Kranke; immer half er, wenn ihm Menschen in Not begegneten – und das waren viele!

Eines Tages kam Coredan in einer großen Stadt gerade dazu, als ein Vater auf ein Sträflingsschiff, eine Galeere, verschleppt werden sollte. Coredan sah, wie sehr die Frau und die Kinder um ihren Mann und Vater weinten und bat darum, selbst anstelle des Familienvaters als Galeerensklave zu arbeiten. Und so musste Coredan fortan als Sklave auf einem Schiff sitzen und tagein, tagaus, jahrein, jahraus unter Peitschenhieben rudern. Sein Haar wurde grau, sein Körper war geschunden. Da plötzlich schien sein Stern am Himmel wieder auf. Und was er nie zu hoffen gewagt hatte, geschah: Man gab ihm die Freiheit zurück und ließ ihn in einem fremden Land zurück.

In dieser Nacht träumte Coredan von seinem Stern und von seiner Jugend, in der er ausgezogen war, um den König aller Menschen zu finden. Und eine Stimme rief ihn: „Beeile dich!"

Sofort brach Coredan auf. Bald kam er an die Tore einer großen Stadt. Aufgeregte Menschen zogen ihn mit sich bis auf einen Hügel. Dort standen drei Kreuze und Coredans Stern, der ihn von Jugend an begleitet hatte, stand genau über dem mittleren Kreuz. Da traf ein Blitzstrahl den müden alten Mann und er merkte, dass er bald sterben würde. „So muss ich hier in der Fremde sterben", flüsterte er. „Sterben, ohne dich je gesehen zu haben, Herr? Bin ich umsonst durch die Städte und Dörfer gezogen, um dich zu finden?"

Coredan wollte die Augen schließen, da traf ihn der

Blick des Mannes, der am mittleren Kreuz hing. Eine große, unsagbare Liebe und Güte lag in diesem Blick und die Stimme sprach: „Coredan, du hast mich doch längst gefunden! Du hast mich versorgt, als ich verletzt war; du hast mich getröstet, als ich jammerte; du hast mich gekleidet, als ich nackt war."
Und Coredan erkannte mit einem Mal: Ich habe nicht umsonst gesucht. Dieser Mensch am Kreuz ist der König der Welt, ihn habe ich gesucht in all den Jahren. Und ihn habe ich immer wieder gefunden, ohne ihn zu erkennen.

Der König aus dem Morgenland

ELLEN SCHÖLER

Die Glocken des alten Domes erfüllten die Luft mit ihrem brausenden Geläut. Claudia kam es so vor, als ob die Glocken sie zur Eile mahnten. Sie ging an der Hand ihres Vaters und wollte mit ihm Schritt halten. Aber das gelang ihr nicht, denn wo

er einen Schritt machte, da machte sie zwei, und so trabte sie neben ihm her wie ein kleiner Hund. Sie fand es so schön, dass jetzt nach den großen Feiertagen noch ein Fest war, an dem man sich freuen durfte – das Fest der Heiligen Drei Könige.
„Wie lange“, fragte sie ihren Vater, „wie lange dauerte die Reise der Heiligen Drei Könige?“
„Irgendwo“, sagte ihr Vater, „steht von zwei Jahren geschrieben, aber so genau kann man sich auf derlei Zeitrechnungen nicht verlassen. Die Zeit kann ebenso gut kürzer oder länger gewesen sein.“
„Ich wäre gern dabei gewesen, als sie mit ihren Geschenken ankamen.“
„Du kannst sie ja gleich im Dom sehen. Aber halt jetzt den Mund, Claudia, sonst schluckst du zu viel kalte Luft. Heute hat’s der Winter in sich.“
Claudia war still. Sie fühlte mit der Hand in ihre Manteltasche und spürte, wie es knisterte. Das war ihr letzter Lebkuchen, den hatte sie sich noch schnell vom Teller genommen, bevor sie von zu Hause weggingen. Sie wollte ihn unterwegs essen, nach der Kirche. Denn auf dem Weg nach Hause hielt man es doch vor Frühstückshunger kaum mehr aus. Der Lebkuchen war mit Schokolade überzogen, und in Zuckerschrift stand darauf „Guten Appetit!“
Dann beschäftigte sich Claudia wieder in ihren Ge-

danken mit den Heiligen Drei Königen. Wie schwer die gereist sein mussten, auf Kamelen, und das so lange mit vielen Geschenken dabei!

Jetzt stiegen sie bereits die große Treppe zum Eingang hinauf. Aus dem Inneren des Domes drang ihnen die Musik der Orgel entgegen. „Vater", flüsterte Claudia, „nach der Messe gehen wir zur Krippe."

Der Vater nickte ihr zu. Es roch nach Weihrauch, und die großen Tannenbäume standen wie Wächter rechts und links vom Altar.

Nach der Messe gingen sie zur Krippe. Davor standen sehr viele Menschen; der Vater sagte zu Claudia, die sich unruhig hin- und herbewegte und versuchte, sich auf die Zehenspitzen zu stellen: „Du musst abwarten. Wir können nur langsam vorrücken."

Claudia unterdrückte einen Seufzer. Sie ließ die Augen unruhig hin- und hergehen. Plötzlich erblickte sie etwas. Vor Staunen blieb ihr der Mund offenstehen. An einer hohen, hellen Säule stand allein und abgesondert ein junger Mann in einem blauen Mantel. Das war doch wohl nicht möglich! Claudia kniff zuerst einmal fest die Augen zu und riss sie dann wieder weit auf. Aber der Anblick blieb.

Der junge Mann hatte ein schwarzes Gesicht, eine breite Nase und dicke Lippen. Sein Haar sah aus, als wäre es aus lauter feinen schwarzen Drähten. Er

sah traurig und müde aus. Er hielt die Hände zusammengelegt und betete. Die Leute um sich herum schien er gar nicht zu bemerken.
Einer der Heiligen Drei Könige stand da, lebendig und kein holzgeschnitztes Abbild, wie es Claudia gewöhnt war! Sicher stand er dort und wartete geduldig, bis er seine Gaben abliefern konnte; denn über der Schulter trug er einen blauen Leinenbeutel mit Schriftzeichen, die Claudia nicht lesen konnte.
Claudia kümmerte sich plötzlich gar nicht mehr darum, dass ihr Vater weiter nach vorn ging, weil nun eine Lücke vor der Krippe frei wurde. Müde, der dunkle König sah so müde aus! Vielleicht hatte er Hunger? Claudia dachte daran, dass man auf der Reise immer Hunger hat.
Da fiel ihr zum Glück der Schokoladenlebkuchen ein. Sie holte ihn aus der Tasche und ging auf den dunklen jungen Mann zu. Der erstaunte zutiefst, als er plötzlich ein kleines Mädchen vor sich stehen sah, das ihm mit einem tiefen Knicks ein in glänzendes Papier gewickeltes Paketchen überreichte.
„Weil Sie doch eine so weite Reise hatten."
Ehe er noch danken konnte, ging das kleine Mädchen schon wieder eilig von ihm fort, suchte in der Menge und fragte ein wenig zu laut in die Stille: „Papi, wo bist du?" Aber da war schon Vaters Hand,

die zog sie zu sich, nahm sie bei den Schultern und schob sie vor die Krippe. Claudia sträubte sich und versuchte, nach rückwärts zu sehen.
„Claudia, was hast du nur?"
Claudia gab dem Vater keine Antwort. Sie sah noch ein letztes Mal die Gestalt im blauen Mantel, die jetzt dem Ausgang des Domes zuschritt.
Der junge Student aus Afrika hielt noch immer das Päckchen in der Hand. Er war in die Kirche gekommen, weil er sehr traurig war, denn er war fremd in der Stadt. Die Leute starrten ihn neugierig an wegen seiner dunklen Hautfarbe. Nun hatte ihm ein Kind etwas geschenkt, weil er von weit her die Reise in dieses fremde Land gemacht hatte.
Es war ihm ganz leicht zumute, als er die Treppe hinunterlief, und lächelnd dachte er daran, dass heute das Fest der Heiligen Drei Könige war.

Aber die Krippe war leer

LEGENDE AUS RUSSLAND

Einen weiten Weg hatten sie schon hinter sich, die Heiligen Drei Könige, als sie auf ihrer Reise, immer dem Stern von Betlehem nach, an eine Haustür im alten Russland pochten. Babuschka, ein freundliches Großmütterchen, öffnete verwundert den Riegel und sah hinaus. „Nanu“, fragte sie, „was für seltsame Wandergesellen seid ihr denn?“
Die drei Könige blickten erst einander, dann die alte Babuschka lächelnd an. „Wir suchen den Herrn der Welt“, sagten sie. „Erkennst du den Stern dort über deinem Haus? Er ist sein Zeichen, ihm folgen wir nach.“
„Ach“, meinte die gute Babuschka, „den Herrn der Welt möchte ich auch gern besuchen. Nehmt mich doch mit, ihr Herren.“
„Gern“, sagten die drei. „Doch zuerst müssen wir ein wenig essen und schlafen.“
„So tretet ein“, bat Babuschka und deckte auf, was sie im Keller fand.
Während die Könige auf einer Strohschütte schliefen, fegte das Mütterchen das Haus, gab den Blumen

Wasser und den Katzen Milch. Dann packte sie ihre Tasche für die Reise.
Gerade krähte der Hahn, als die drei Könige schon bereit zum Aufbruch waren.
„Nun komm, Babuschka“, sagten sie. „Wir müssen eilen.“
Der alten Frau aber war gerade in diesem Moment eingefallen, dass sie dem Herrn der Welt nicht einmal ein Geschenk mitzubringen hätte.
„Wartet noch!“, bat sie darum mit zittriger Stimme. „Lasst mich rasch ein Schwarzbrot backen. Trocken Brot färbt Wangen rot; und vielleicht isst der Herr der Welt auch einmal gern etwas Gutes.“
„So lange können wir unmöglich bleiben“, sagte Caspar. Melchior und Balthasar nickten nur.
Da nahmen sie Abschied und ließen die alte Babuschka in ihrem Häuschen allein.
Ihre Traurigkeit hielt jedoch nicht lange vor. „Wenn er wirklich der Herr der Welt ist“, dachte sie still bei sich und begann, die Backzutaten abzuwiegen, „wird er wissen, dass es nichts Köstlicheres gibt als Schwarzbrot, und mich schon verstehen.“ Ihre abgearbeiteten Hände kneteten den Teig, formten ihn zu einem Laib und backten ihn auf dem heißen Stein des Kachelofens gar.
Das fertige Brot duftete weithin und war so heiß in

Babuschkas Kopftuch, dass sie es kaum an vier Knotenzipfeln tragen konnte. Aber dennoch marschierte sie den drei Königen tapfer hinterdrein.
Nach langen Monaten hatte sie sich endlich bis zum Stall von Betlehem durchgefragt. Müde, doch voller Vorfreude trat sie ein. Aber die Krippe war leer, die Heilige Familie fort, und nur der Ochse warf der alten Babuschka einen langen freundlichen Blick zu. Da wischte sich Babuschka eine Träne aus dem Auge und legte ihr Schwarzbrot in die verlassene Krippe. „Bist du der Herr der Welt, wirst du wohl wissen, dass ich gekommen bin", sagte sie und versuchte, ein wenig im Stroh zu rasten.
In dieser Nacht wurde Babuschka von einer süßen Stimme geweckt. „Ich bin das Christkind", sagte sie. „Willkommen, gute Babuschka. Gib mir deine Hand und folge mir zu meinem Vater, dem Herrn der Welt!"
Babuschka gehorchte und trat an Jesu Christi Hand mitten hinein ins Reich Gottes.
Wegen dieser alten Weihnachtslegende schenkt das Christkind den russischen Kindern bis auf den heutigen Tag ein Schwarzbrot. Es steckt in den am Kamin aufgehängten Weihnachtsstrümpfen. Andere Geschenke sind manchmal freilich auch dabei.

Quellenverzeichnis

Texte

Dino Buzzati, Die Nacht im Dom © Ingrid Parigi, Bergamo

Karel Čapek: aus: Karel Čapek, Wie in alten Zeiten. Das Buch der Apokryphen. Aus dem Tschechischen von Eckhard Thiele. S. 62-65 © Aufbau Verlag GmbH & Co. KG, Berlin 1977

Wolfgang Fietkau, Lass doch dem Kind die Flasche, aus: Elisabeth Antkowiak (Hrsg.), Mitten in der dunklen Nacht, St. Benno Verlag, Leipzig 1981 © Wolfgang Fietkau, Erben Kleinmachnow

Petra Fietzek, Weihnachtsgeheimnis © Alle Rechte bei der Autorin

Elisabeth Hardt, Die Legende vom vierten König, aus: Elisabeth Hardt/DER WEINBERG, Missions- und Familienzeitschrift der Oblatenmissionare 1/2014

Hanns Dieter Hüsch, Die Bescherung, aus: Hanns Dieter Hüsch/ Marc Chagall, Das kleine Weihnachtsbuch, Seite 20ff, 2012/15 © tvd-Verlag Düsseldorf, 1997

Erich Kästner, Das Geschenk, aus: Erich Kästner, Das fliegende Klassenzimmer. Ein Roman für Kinder. Dressler Verlag, Hamburg 1933. © Atrium Verlag, Zürich 1933 (Auszug)

Siegfried Lenz, Das Wunder von Striegeldorf, aus: Bethlehem ist heute, Copyright © 1957 by Hoffmann und Campe Verlag, Hamburg

Johannes Linke, Besuch in der Christnacht © Alle Rechte beim Autor

Anthony de Mello, „Einer von euch ist der Messias“, aus: Ders., Warum der Schäfer jedes Wetter liebt. Weisheitsgeschichten. Übersetzt von Ursula Schottelius © Verlag Herder GmbH, Freiburg i. Br. 2013, S. 57f

Hans R. Pruppacher, Die Wanderer in der Wüste aus: Hans R.

Pruppacher, Gott ist näher als du denkst © St. Benno Verlag, Leipzig
Herbert Rosendorfer, Schlittenfahrt, aus: Herbert Rosendorfer, Eichkatzelried. Geschichten aus der Kindheit und Jugend © 1979 by nymphenburger in der F.A. Herbig Verlagsbuchhandlung GmbH, München
Ellen Schöler, Der König aus dem Morgenland, aus: Ellen Schöler, Der Weihnachtsapfel, Arena Verlag, Würzburg 1970 © Esther Schöler
Helmut Thielicke, „Ungewöhnliche Leute vor der Krippe", aus: Ders., Der Christ im Ernstfall. Das kleine Buch der Hoffnung. Meditationen – Reflexionen © Verlag Herder GmbH, Freiburg i. Br. 1981, S. 87 ff
Karl Heinrich Waggerl, Advent, aus: Karl Heinrich Waggerl, Das ist die stillste Zeit im Jahr © Otto Müller Verlag, Salzburg 2004

Bilder
Cover: © elly99/iStockphoto.com;
Innenillustrationen: © Michaela Steininger/Fotolia.com.

Wir danken allen Rechteinhabern für die freundliche Abdruckerlaubnis. Der Verlag hat sich bemüht, alle Rechteinhaber in Erfahrung zu bringen. Für zusätzliche Hinweise sind wir dankbar.